Aloysius Pichler

An meine Kritiker

beleuchtung verschiedener Angriffe auf meine Geschichte der griechischen Kirchentrennung

Aloysius Pichler

An meine Kritiker
beleuchtung verschiedener Angriffe auf meine Geschichte der griechischen Kirchentrennung

ISBN/EAN: 9783743660717

Hergestellt in Europa, USA, Kanada, Australien, Japan

Cover: Foto ©ninafisch / pixelio.de

Weitere Bücher finden Sie auf **www.hansebooks.com**

Im Verlage der **Stahel**'schen Buch- und Kunsthandlung in Würzburg ist erschienen und durch alle Buchhandlungen zu beziehen:

Verhandlungen der XVI. Generalversammlung der katholischen Vereine Deutschlands in Würzburg am 12., 13., 14. und 15. September 1864. Amtlicher Bericht.

27 Bogen in gr. 8°. Preis fl. 1. 24 kr. oder 24 Sgr.

Die Aufgabe der Katholiken bezüglich der deutschen Universitäten.

Rede,

gehalten auf der XVI. Generalversammlung der kathol. Vereine Deutschlands

von

Christoph Moufang.

(Separat-Abdruck aus obigen Verhandlungen.)

1864. 1 Bogen in 8°. Preis 6 kr. oder 2 Sgr.

Ansa spiritualis pastoris animarum fidelis, in qua ad manum habent sacerdotes tum quae in privata devotione, tum quae in missae celebratione, sacramentorum administratione, nec non in annuis exercitiis spiritualibus, et quorumdam aliorum sui muneris officiorum exsecutione usui esse possunt, collecta ab **J. Adamo Hergenroether**, olim parocho Versbachiensi, aucta et emendata edita a **P. Augustino Kaiser**, ordinis Min. S. Francisci conventualium ad S. crucem praesidente et vicario. Cum approbatione episcopali. 1864. 352 et XVI fol. in 12°. 48 kr. = 15 Sgr.

Predigten des P. **Matthias Faber**, S. J., auf die **Sonn-** und **Festtage** des **Kirchenjahres** (Opus tripartitum.) Aus dem Lateinischen übersetzt und herausgegeben von **H. Hoffmann** und **M. Schuler**, Priester der Diöcese Würzburg. **Neue Folge.** I. Jahrgang. 1. u. 2. Band. (Weihnachts-, Oster- und Pfingstcyclus.) 38 Bogen in gr. 8. 1864. Preis jeden Bandes 1 fl. 30 kr. oder 27 Sgr.

Die neuen Jahrgänge erscheinen ganz in derselben praktischen Weise, Eintheilung und Form der vorausgegangenen, in Paderborn erschienenen ersten zwei Jahrgänge. Die Uebersetzer haben es sich zur Aufgabe gestellt, ebenso neue als ausgewählte Predigten des bewährten Verfassers zu bringen unter Zusicherung gleicher Gewissenhaftigkeit und geschmackvoller Auslese des Zeitgemässen und Besten. Der Werth des Dargebotenen allein mag die Veranstaltung dieser Uebersetzung, der unabsehbaren Masse anderer Predigtwerke gegenüber rechtfertigen; sämmtliche über die ersten Jahrgänge erschienenen Recensionen haben ihre vollkommen befriedigende Anerkennung ausgesprochen.

An meine Kritiker.

Beleuchtung

verschiedener Angriffe auf meine Geschichte

der

Griechischen Kirchentrennung,

insbesondere

von Prof. Hergenröther, Prof. Mittermüller
und im Münchener Pastoralblatt.

Dr. A. Pichler,
Privatdocent der Theologie an der Universität München.

München.
M. Rieger'sche Universitäts-Buchhandlung.
1865.

Wenn ich als Jüngerer es wage, gegen Urtheile, welche von bedeutend älteren Gelehrten über mich gefällt worden sind, mich zu vertheidigen, so kann dieses selbstverständlich nur aus Gründen geschehen, die so wichtig sind, daß sie die Pflicht der Bescheidenheit überwiegen. Die Tugend der geduldigen Ertragung und christlichen Selbstverläugnung üben zu wollen, wäre hier wohl Vermessenheit. Dieß können nur jene, welche durch ihre allbekannten Verdienste gegen derlei Angriffe gesichert sind. Je weniger dieß bei mir noch der Fall ist, um so mehr muß ich auf die Wahrung meines guten Namens bedacht sein. Dieser wurde mir durch mehre Kritiker, so viel an ihnen lag, gänzlich geraubt. Es gibt kaum mehr einen Vorwurf, wodurch ein Anfänger im theologischen Lehramte bei dem katholischen Clerus und dem ganzen gebildeten Publikum um alle Ehre und alles Vertrauen gebracht werden kann, der nicht von einigen katholischen Recensenten gegen mich erhoben worden wäre. Wenn ich erwäge, daß die ersten Eindrücke, die man über eine Persönlichkeit empfängt, stets am tiefsten sich einzuprägen pflegen, so kann der Gedanke, daß ich der katholischen Welt von Gelehrten meiner eigenen Kirche von Anfang an in einem so schlimmen Lichte dargestellt werde, für mich nur höchst peinlich sein.

Wären die gegen mich erhobenen Vorwürfe auch nur zur Hälfte begründet, so müßte nicht leicht ein schlechteres, erbärmlicheres und verderblicheres Buch geschrieben worden sein, als meine Geschichte der Griechischen Kirchentrennung. „Unwissenheit," „Oberflächlichkeit," „Befangenheit in falschen Vorurtheilen," „Leichtsinn," „Mangel an dialectischer Bildung," „Anachronismen," „burschikose, unpriesterliche Sprache," „Impietät," „unkirchliche, ja häretische Tendenz," „außerordentlich zahlreiche Verstöße gegen die Principien einer wissenschaftlichen Kritik," „auffallende Parteilichkeit," „historische Unwahrheiten," „die allerschlimmsten Widersprüche," „Generalisiren," „leichtsinniges Compromittiren des guten Rufes berühmter Lehrer und der Deutschen Wissenschaft:" dieß sind nur einige Titel auf der langen Liste meiner Laster. Wahrlich, es könnte eine Herkulesarbeit scheinen, einen solchen Mohren weiß waschen zu wollen. Aber sollte auch dieses nicht gelingen, etwas heller wird er vielleicht doch und schon damit ist Einiges gewonnen.

I.

Was vor Allem die Beschuldigung einer ich weiß nicht welcher schlimmen und verkehrten, Griechenfreundlichen und folglich schismatischen Tendenz betrifft, die ich bei meiner Arbeit verfolgt haben soll, so ist dieselbe zu vag und abstrakt, als daß ich hierauf antworten könnte. Diejenigen, welche einen solchen Vorwurf erheben, müssen offenbar das Talent besitzen, von dem unser Dichter sagt:

> Doch über alles Wandern und Studiren
> Geht das Genie von Kind auf angeboren,
> Den Menschen zu durchschau'n durch Herz und Nieren
> Und wie 'ne Nuß die Welt im Sack zu tragen [1]).

Nur eine Frage erlaube ich mir diesen Kritikern vorzulegen. Jede Absicht und Tendenz muß doch auf einen Zweck abzielen. Welchen vernünftigen Zweck hätte denn ich bei einer solchen verkehrten Tendenz haben sollen? Glauben denn dieselben vielleicht, daß ich mir einen Russischen Orden verdienen wollte? In meinem Vaterlande aber war gerade die Zeit, wo ich diese Arbeit veröffentlichte, einem Philhellenen nichts weniger als günstig!

Bevor ich auf die eigentlichen Recensionen eingehe, muß ich dreier inhaltschwerer Zeilen eines Kritikers gedenken, dessen Namen ich aus gleichem Grunde verschweige, wie er den meinigen verschwiegen hat, nur den Titel meines Werkes angebend. Bezüglich des Gebietes der orientalischen Kirchengeschichte darf ich auf denselben wie vielleicht auch auf manchen andern Kritiker wohl Shakespeare's Wort im Hamlet anwenden: „'Tis e' en so: the hand of little employment hath the daintier sense" [2]). Dieser Gelehrte, von dessen Werken sein vorjähriges (1864) Passauer Studienprogramm „Unfehlbarkeit päpstlicher Entscheidungen ex cathedra" das größte und berühmteste ist, wirft mir in eben diesem zwei Anachronismen vor, den einen von 70 und den andern von 350 Jahren. [3]) Ersterer liegt darin, daß ich Papst Stephan V., welchen ich selbst als den unmittelbaren Nachfolger Hadrians III. bezeichne und noch durch Beifügung der Jahrzahl (885) von seinen Namensvettern unterscheide, an den Byzantinischen Kaiser Basilius I. schreiben lasse. Hier ist offenbar keine Spur von Anachronismus zu entdecken; und doch findet der scharfsichtige Kritiker einen solchen. Er behauptet nämlich, ich hätte Stephan V., und dabei schließt er die Jahrzahl 816 ein, an Basilius (885) schreiben lassen, und es sollte

---

1) Oscar von Redwitz, Thomas Morus. Mainz 1856, S. 104.
2) Shakespeare, herausg. v. Elze. Leipzig 1857 p. 87. Nach A. Schlegel's Uebersetzung. Berlin 1854, 12. Lief. S. 465: „So pflegt es zu sein: je weniger eine Hand verrichtet, desto zarter ist ihr Gefühl."
3) S. 32, Note 44.

offenbar Stephan VI. heißen. Ein Professor der Theologie an einem Bayerischen Lyceum und noch dazu Römischer Doctor sollte wirklich gar nicht wissen, was wohl jedem Candidaten der Theologie in Deutschland bekannt ist, daß von Stephan II. an, der am 27. März 752 zwar rechtmäßig gewählt, aber nicht consecrirt wurde, da er schon ein paar Tage nach der Wahl starb, die Päpste dieses Namens verschieden gezählt werden, da viele Kirchenhistoriker, wie z. B. auch Döllinger, diesen nicht einrechnen und dafür Stephan III. als II. u. s. f. bezeichnen? Habe ich nicht alle Zweideutigkeit gehoben, wenn ich die Jahrzahl einschließe und außerdem noch den unmittelbaren Vorfahrer angebe¹)? Welchen Namen soll ich aber dafür gebrauchen, daß der Kritiker eine andere Jahrzahl einschließt, als ich selbst angegeben habe? So verhält sich's also mit dem ersten angeblichen Anachronismus von 70 Jahren; er fällt nur dem Kritiker selbst zur Last.

Welche Bewandtniß hat es nun mit dem andern von 350 Jahren? Dieser hängt mit jenem zusammen. Der verehrte Herr Kritiker ist der Ansicht, schon das von Papst Hormisdas im Jahre 517 den Theilnehmern am Acacianischen Schisma zur Unterschrift vorgelegte und später sogar vom achten allgemeinen Concil angenommene Glaubensformular spreche die päpstliche Unfehlbarkeit bei förmlichen Glaubensentscheidungen ganz offen aus. Wenn also ich behaupte, erst Stephan V. habe, indem er den Papst in einem Schreiben an den Kaiser Basilius I. als „den unbefleckten Bräutigam" erklärte, die bisher wiederholt behauptete Unbeflecktheit der Römischen Kirche dem Papste selbst zugesprochen²), „so liege hier immerhin ein Anachronismus von mehr als 350 Jahren vor." Wie Jeder sieht, habe also ich hier zwischen dem „apostolischen Stuhle" oder der Römischen Kirche und der Person des Papstes ausdrücklich unterschieden, und ein Anachronismus könnte mir nur dann vorgeworfen werden, wenn die betreffende Stelle des Hormisdas bereits den Papst selbst als den unbefleckten Bräutigam erklärte. Ich führe die Stelle nach dem Kritiker selbst wörtlich an, sie lautet: non potest D. N. J. Ch. praetermitti sententia dicentis: Tu es Petrus et super hanc petram etc. Haec quae dicta sunt, probantur effectibus. quia in sede apostolica immaculata est semper servata religio... Unde sequentes in omnibus apostolicam sedem et praedicantes ejus omnia constituta. spero, ut in una communione

---
1) Bd. I, 200, 546.
2) Bd. I, 200, Note 3. — Es ist übrigens jener Ausdruck „unbefleckter Bräutigam," den Papst Stephan V. bezüglich des Papstes Marinus gebraucht, wohl nur in sittlicher Beziehung gemeint. S. Bd. II, Zusätze, wo ich meine frühere Auffassung dieser Stelle berichtigt habe. Dieß ist aber bezüglich des hier in Frage stehenden Vorwurfes ohne alle Bedeutung.

vobiscum, quam sedes apostolica praedicat, esse merear, in qua est integra et vera christianae religionis soliditas. (Der Kritiker fügt bei: „Was bringt denn der Begriff der Unfehlbarkeit wohl sonst noch mit sich?" Ich kann kurz darauf antworten: Der Begriff der Unfehlbarkeit bringt sonst nichts mit sich; aber der Begriff der Unfehlbarkeit der Person des Papstes bringt mit sich, daß eben diese unfehlbar sei, wovon aber Hormisdas keine Silbe sagt. Es handelt sich hier überhaupt gar nicht um Infallibilität, sondern nur um Indefectibilität, nur diese ist von Christus dem Petrus erbeten worden, außerdem ist hier nur die Rede vom apostolischen Stuhle, welchem die größten Theologen, trotz der Bestreitung der päpstlichen Unfehlbarkeit, die Indefectibilität ausdrücklich zugesprochen haben, so z. B. Bossuet, Fenelon und Döllinger, der in Bezug auf Honorius ebenfalls die Römische Kirche als von der Häresie des Papstes nicht angesteckt erklärt [1]). Das achte allgemeine Concil hat ganz gewiß diese Formel des Hormisdas nicht im Sinne des Kritikers verstanden; wie hätte es denn sonst die von dem sechsten und siebenten allgemeinen Concil geschehene Verdammung des Honorius abermals bestätigen können? Der Kritiker wird mir entgegnen, dieses Anathema habe nur dem Papste als Privatperson, nicht als solchem, gegolten. Ich erwiedere darauf: Ohne auf diese Frage selbst hier näher einzugehen, scheint es mir, daß doch wohl auch der Kritiker zugestehen wird, es seien die Gründe für letztere Annahme jedenfalls sehr bedeutend. Ich brauche ja nur daran zu erinnern, daß gerade die ersten Kirchenhistoriker neuerer und neuester Zeit der Ueberzeugung sind, Honorius habe als Papst eine häretische Entscheidung gegeben. Ist demnach nicht die Unfehlbarkeit der Kirche selbst sehr bedenklich gemacht, wenn die des Papstes, wie Perrone selbst gesteht, rein davon abhängt, ob irgend ein einzelner Papst einmal eine falsche Entscheidung gegeben habe [2]), da gerade die tüchtigsten Historiker versichern, es sei dieses bereits wirklich geschehen? Arbeiten dann nicht jene Theologen den Protestanten in die Hände? Allerdings, und so erklärt es sich, wie die Herzog'sche Realencyclopädie der protestantischen Theologie zum Beweise, daß es gar keine kirchliche Unfehlbarkeit gebe, sagt: „Nur jene sind consequente Katholiken, welche die Unfehlbarkeit im Papste selbst sehen" [3]). Der mir zur Last gelegte Vorwurf des Anachronismus von 350 Jahren trifft jedenfalls auch alle jene Historiker, welche den Papst Honorius von der Makel der Häresie nicht freizusprechen vermögen, und da kann ich mich trösten, denn

---

1) Döllinger, Papstfabeln, S. 138, 150.
2) Perrone, Praelectiones II, §. 776: Si vel unicus ejusmodi error deprehenderetur, appareret, omnes adductas probationes in nihilum redactas iri.
3) Herzog'sche Realencyclopädie, XVI, 634.

ich befinde mich in keiner üblen Gesellschaft — seien sie auch alle Anachronisten! Schon Papst Gregor der Große beging offenbar einen Anachronismus von mehr als 80 Jahren, wenn er an die Patriarchen Eulogius von Alexandrien und Anastasius von Antiochien bezüglich des Titels „öcumenischer Patriarch" schrieb: keinem Bischofe dürfe derselbe beigelegt werden, auch nicht dem Römischen, auf den er am Ersten passen würde, weil, wenn vielleicht der sogenannte allgemeine Bischof in einem Irrthume zu Grunde ginge, dann in keinem Bischofe mehr die Wahrheit erhalten bliebe[1]). Hiemit nehme ich von meinem ersten Kritiker Abschied und bemerke nur noch, daß ich seine Ausstellungen sehr gerne unberücksichtigt gelassen hätte, wenn nicht das Studienprogramm gerade der Anstalt angehörte, deren Zögling ich selbst 9 Jahre lang war, und nicht gerade unter dem Clerus meiner Heimathsdiöcese natürlich zunächst und am Meisten verbreitet wäre, bei dem ich nicht in den Ruf eines so äußerst oberflächlichen und unwissenden Schriftstellers kommen möchte.

II.

Ausführliche und eingängliche Recensionen meines Werkes, d. h. des I. Bandes, sind katholischerseits bis jetzt zwei erschienen, die eine von Hrn. Professor Mittermüller in Metten, die andere von Hrn. Professor Hergenröther in Würzburg. Sie haben mich auf einige Versehen aufmerksam gemacht, die ich für begründet erkannt und bereits im II. Bande berichtiget habe. Wenn ich aber ihre Belehrung dankbar anerkenne, so kann ich die von ihnen mir zugleich gemachten gänzlich grundlosen Vorwürfe, die weit gewichtiger als meine Versehen sind, nicht etwa mit in den Kauf nehmen.

Mittermüller betrachtet mein Werk als eine reine Tendenzschrift, aber der verderblichsten Art. Er legt mir ohne Weiters die Absicht unter, den Primat, ein erklärtes Dogma der Kirche, bestreiten zu wollen, macht mich also einfach zu einem Häretiker. Er sagt gleich im Eingange seiner Kritik: „Durch das Ganze zieht sich wie ein rother Faden der Kampf gegen die Unfehlbarkeit des Papstes in definitiven Glaubensentscheidungen und überhaupt gegen das sogenannte Papalsystem, welches den Schwerpunkt der Kirche in den Primat legt"[2]). Ebendeßhalb „richte ich mit Zuversicht und Freiheit alle Päpste und Theologen der Vorzeit"[3]), und setze z. B. den heiligen Cyprian „in Widerspruch" mit der heiligen Schrift und

---

1) Gregor M. Epistol. L. V, ep. 43, p. 773: et cum fortasse is in errore perit, qui universalis dicitur, nullus jam episcopus remansisse in statu veritatis invenitur. S. Bd. II, 658, 659.
2) Katholik. Juniheft 1864. S. 710. — 3) S. 711.

allen Vätern" ¹), bin übrigens „gleich den alten Gallicanern mit mir selbst nicht einig" ²), und bediene mich einer „wunderlichen Logik" ³). Der Kritiker wollte daher „lediglich die Ueberzeugung begründen, daß vorliegendes Geschichtswerk noch keineswegs durch etwa unanfechtbare Zuverläßigkeit und zerschmetternde Beweisführung zur Hinopferung des Papalsystems und der päpstlichen Unfehlbarkeit geeignet sei" ⁴).

Wie der Herr Recensent zu der Ansicht gekommen ist, die Tendenz meines Werkes gipfle in der Bekämpfung des Papalsystems, dessen Schwerpunkt im Primate liege, also doch offenbar des Primates selbst, ist mir unbegreiflich. Hat doch ein anderer verehrter Herr Beurtheiler meines Werkes offen anerkannt: „Von jeher, namentlich auch von Luther und besonders wieder in neuester Zeit, wo alle Schleusen gegen das Institut des Papstthums sich geöffnet haben, ist die Geschichte der Orientalen, welche, wie noch sehr allgemein behauptet wird, nie das Papstthum anerkannt hätten, als Hauptwaffe gebraucht worden. Pichler hat vollständiger und gründlicher als unsers Wissens bisher geschehen, nicht bloß die Unrichtigkeit einer solchen Behauptung nachgewiesen, sondern zugleich aus der Waffe der Gegner des Papstthums eines der tüchtigsten Vertheidigungsmittel für die göttliche Einsetzung desselben gemacht. Dieser eingängliche Beweis ist gerade im Hinblicke auf die gegenwärtigen Zeitverhältnisse ein Hauptverdienst des Pichler'schen Werkes" ⁵). Ich müßte nur annehmen, daß auch dieser verehrte Herr Recensent das gleiche Unglück gehabt habe wie ein andrer im Münchener Pastoralblatt ⁶), und die von mir schon früher in einer eigenen Schrift dargelegte Thatsache, daß von den heutigen Griechen und Russen das Papstthum als erstes und Haupthinderniß der Vereinigung mit der Römischen Kirche erklärt wird, derart mißdeutet hätte, als ob nach meiner Ansicht das Papstthum dieses Hemmniß wäre, dessen Bekämpfung ich mir daher zur Aufgabe gestellt hätte.

Etwas anders verhält es sich allerdings mit der Theorie der päpstlichen Unfehlbarkeit. Auch in Bezug auf diese ist es aber falsch, daß ich deren Bestreitung zum Ziele meiner Arbeit mir gewählt habe. Ich glaube wirklich meine Zeit besser verwenden zu können als mit einer so unfruchtbaren Beschäftigung. Für eine derartige Behauptung läßt sich übrigens in meinem Werke selbst wenigstens ein scheinbarer Anhaltspunkt finden. Man wird mir nämlich entgegenhalten, ich selbst hätte ja ausdrücklich gesagt, daß die Theorie der päpstlichen Unfehlbarkeit bis auf die neueste Zeit zu den größten Hindernissen der Union gehöre. Und doch

---

1) S. 718. — 2) S. 717. — 3) S. 719. — 4) S. 723.
5) Morgenblatt zur Bayerischen Zeitung, Nr. 242, vom 2. Sept. 1864. S. 822.
6) Münchener Pastoralblatt, 1864, Nr 48, vom 26. Nov.

ist dieses nur in einem gewissen von mir genau bezeichneten Sinne richtig. Nicht die Theorie der päpstlichen Unfehlbarkeit überhaupt halte ich für ein Vereinigungshinderniß und habe ich für ein solches erklärt, wenn sie innerhalb der **von der Kirche selbst ihr gesetzten Schranken** bleibt, und eben nichts weiter als eine **Meinung**, wenn auch eine noch so achtbare, sein will. Daran kann auch kein verständiger Grieche und Protestant Anstoß nehmen, indem jeder weiß, daß es auch in seiner Kirche verschiedene Lehrmeinungen gibt, an die aber Niemand zu glauben genöthigt ist, da sie keinen wesentlichen Bestandtheil des kirchlichen Bewußtseins bilden. Meine Klage gilt nur jener auf die Spitze getriebenen Theorie der päpstlichen Unfehlbarkeit, wornach behauptet wird, daß „alle allgemeinen Concilien, auch die ersten sieben, doch nur vom Papste allein ihre Autorität empfangen hätten. **Diese Theorie der päpstlichen Unfehlbarkeit, sage ich, gehört bis auf die neueste Zeit zu den größten Hindernissen der Union**" [1]. Und das sage nicht ich allein, das muß Jeder sagen, der die Anschauung der Orientalen über die Autorität der Kirche kennt. Wie konnte sonst Döllinger behaupten: „Die katholische Kirche könnte ohne die geringste Schwierigkeit mit der getrennten Griechischen und der Russischen Kirche in Unterhandlungen bezüglich einer Vereinigung treten, und diese Unterhandlungen würden, wenn nicht die widerstrebenden fremdartigen Interessen und die tiefe Unwissenheit des Clerus und Volkes in jenen Kirchen wären, den günstigsten Erfolg versprechen. Denn beide Theile stehen auf demselben Boden, insofern sie die gleiche Anschauung **von der Kirche, ihrer Autorität und ununterbrochenen Stätigkeit** haben" [2].

Den Charakter eines **eigentlichen und wahren** Hindernisses hat aber nach meiner vollen Ueberzeugung jene Theorie dann, wenn sie sich, wie bis auf die allerjüngste Zeit nur gar zu oft geschehen, geradezu **dogmatisches Ansehen** vindizirt. Hergenröther hat an mich die hämische Frage gerichtet, ob denn diese Theologen auch im Jahre 1864 von ihren Uebertreibungen noch nicht zurückgekommen seien [3]? Ich muß ihm antworten und sagen: Keineswegs. Erst im September 1864 ist in Wien eine Schrift erschienen, in welcher es nach Anführung einer Stelle aus der Antritts-Encyclica Pius IX. vom 9. November 1846, wo aber nur die kirchliche Autorität dem Rationalismus gegenüber geltend gemacht wird, heißt: „Nach diesen klaren und unzweideutigen Worten des Papstes [4] ist

---

1) Bd. I, 546 f.
2) Döllinger, Kirche und Kirchen, Papstthum und Kirchenstaat. München 1861. Vorrede S. XXII.
3) Chilianeum, 1864. V, 9.
4) Ich habe dieselben in meinem zweiten Bande angeführt. S. 728, Note 6.

es keinem Katholiken mehr erlaubt, die Unfehlbarkeit des Papstes in allen Angelegenheiten des Glaubens und der Sitten zu bezweifeln" [1]). Und der Referent über die gegen Döllingers Papstfabeln gerichtete Schrift des Jesuiten Schneemann in den historisch-politischen Blättern sagt gleichfalls mit dürren Worten: „Die Frage über die päpstliche Unfehlbarkeit ist heutzutage im theologischen Bewußtsein wohl allgemein entschieden" [2]). Da Männer wie Möhler, Drey, Staudenmaier, Kuhn, Dieringer, Hefele, Döllinger, Werner, um nur einige deutsche Namen anzuführen, wohl doch auch Theologen sein werden, so kann natürlich nur angenommen werden, daß sie sämmtlich nicht bei ihrem theologischen Bewußtsein waren, als sie ihre entgegengesetzte Anschauung vertheidigten; dann sollte man sie aber wenigstens als unzurechnungsfähig für entschuldbar erklären.

Den deutlichsten Beleg dafür, wie vollberechtigt meine Klage über die theologischen Uebertreibungen bezüglich dieser Theorie sei, liefert mir mein Kritiker, Herr Professor Mittermüller, selbst. Er sagt: „Ein absolutes Verbot, sich je vom apostolischen Stuhle zu trennen, läßt sich nur begreifen und rechtfertigen, wenn er als unfehlbar gedacht und aufgefaßt wird" [3]). Wie! mit einer Häresie will man eine Meinung bekämpfen? Oder ist es nicht Häresie, zu sagen: Das Verbot der Trennung vom apostolischen Stuhle lasse sich ohne dessen Unfehlbarkeit nicht rechtfertigen, wenn die Kirche, trotz der Gewährung freier Ansicht über diesen Punkt, die Lösung der Verbindung mit dem apostolischen Stuhle für Häresie erklärt? Wie will denn Mittermüller die Verwerfung des Primates als ungerecht beweisen? Was wird denn er und der Mainzer Katholik den Protestanten und Griechen antworten, wenn sie sagen: „Mit Unrecht wirft man uns die Trennung vom apostolischen Stuhle vor, da ja die Unfehlbarkeit desselben keine katholische Glaubenslehre ist?" Sie müssen sagen und sie sagen es auch: „Ihr habt ganz Recht; ein solches Verbot läßt sich nicht rechtfertigen." War es also nicht meine Pflicht, den Orientalen zu zeigen, daß das Wesen des Papstthums und des Primates mit solchen Theorien nichts zu schaffen habe? Die Pflicht der Anerkennung des apostolischen Stuhles gründet so wenig in der Unfehlbarkeit desselben, wie die Pflicht des Gehorsams gegen jede andere göttlich gesetzte Obrigkeit. Es hieße die Spaltung in der Kirche, den Umsturz im Staate und die Unordnung in der Familie proclamiren, zu sagen, daß man nur einer unfehlbaren Autorität Gehorsam schuldig sei. Hat so Christus der Herr seine Apostel belehrt? Hat so der Apostel Paulus an die Römer geschrieben? Welcher Kirchenvater hat diesen Grundsatz ausgesprochen? Welches Concil hat diese Lehre aufgestellt? Welcher

---

1) Der Papst und die modernen Ideen. Wien 1864. S. 36.
2) Historisch-politische Blätter, 1864. S. 378. — 3) S. 716.

Staatsmann und Gesetzgeber hat je eine solche Bestimmung getroffen? Keiner und niemals.

Nach der Anschauung des Herrn Recensenten ist die päpstliche Unfehlbarkeit eine längst ausgemachte Sache, und sie lag von Anfang an im kirchlichen Bewußtsein. „Allerdings, sagt er, bedienten sich die Päpste und Väter nicht gerade des Ausdruckes päpstliche Unfehlbarkeit, aber sie reden auch nicht von der Transsubstantiation, von der Unbefleckten Empfängniß Mariä, von der Siebenzahl der Sakramente u. dgl. Wer dürfte daraus Folgerungen ziehen? Nicht das Wort entscheidet, sondern die Sache"¹). Hienach begreife ich nun wohl den Vorwurf, daß ich „alle Päpste und Theologen der Vorzeit richte." Uebrigens befindet sich der Herr Recensent doch in einem sehr großen Irrthume, wenn er meint, alle Päpste und Theologen der Vorzeit, das heißt also vor dem Erscheinen meines Buches im April 1864, seien über diesen Punkt seiner Ansicht gewesen. Der letzte Abschnitt vom zweiten Bande meines Werkes dürfte ihn vom Gegentheil überzeugen, und ebendeßhalb hätte auch ich, selbst wenn ich mir die Bekämpfung der päpstlichen Unfehlbarkeit überhaupt zur Aufgabe gestellt hätte, was aber ganz unwahr ist — ich wollte den Griechen nur den historischen Beweis liefern, daß diese Theorie kein Dogma sei — gar lange nicht alle Päpste und Theologen zu richten gehabt. Ich glaube so ziemlich die Ansichten aller bedeutenden Theologen über diese Frage zusammengestellt zu haben, auf daß sich jeder selbst auf Grund der Persönlichkeit der Vertreter beider Meinungen und der Begründung derselben sein Urtheil bilden möge. Mancher sehr excentrischen Behauptung gegenüber, wie wenn z. B. Nic. Sander (st. 1583) die Nothwendigkeit der monarchischen Herrschaft in der Kirche unter Anderm damit beweis't, daß sonst die Kirche niedriger als das Reich der Dämonen stünde, in welchem ebenfalls Einer, nämlich Lucifer, den Primat erhalten hat,²) erlaubte ich mir allerdings im Interesse der bei diesem Vergleich Betheiligten einen kleinen Tadel auszusprechen.

Noch will ich ein paar andere hiemit zusammenhängende Vorwürfe Mittermüllers ganz kurz berühren. Er bemerkt, daß ich „gleich den alten Gallicanern" — ich gehöre also wohl zu den jungen — über die Entstehung der Theorie der päpstlichen Unfehlbarkeit mit mir selbst nicht im Klaren sei. Und hiefür beruft er sich darauf, daß ich „die Ehre, die Unfehlbarkeit zuerst in Anspruch genommen zu haben, bald schon dem Papste Nicolaus I., bald wieder Stephan V. zuerkenne"³). Dieser Widerspruch steht nicht in meinem Buche. Von Nicolaus I. sage ich bloß, daß mit der von ihm aufgesetzten, von seinem Nachfolger dem achten allgemeinen Concil im Jahre 869 — nicht von Nicolaus, wie Mittermüller mich sagen läßt,⁴)

---

1) S. 717 f. — 2) S. Bd II, 687. — 3) S. 717. — 4) S. 718.

der schon im Jahre 867 gestorben war — zur Unterschrift vorgelegten Formel zum ersten Male einem öcumenischen Concil das Bekenntniß der Unfehlbarkeit des apostolischen Stuhles zugemuthet wurde [1]). Dieß bemerke ich darum, weil diese Formel im Wesen schon früher von Papst Hormisdas den Griechen, aber nicht einem öcumenischen Concil, vorgelegt worden war. In dieser Formel ist nur vom apostolischen Stuhle die Rede, und ich selbst fügte bloß bei, daß dieser mit dem Papste für gleichbedeutend galt, während dagegen Stephan V., wenn jener Ausdruck in Bezug auf den Glauben zu nehmen wäre, jedenfalls ausdrücklich den Papst den unbefleckten Bräutigam genannt hätte [2]).

Als Beweis, daß die achte allgemeine Synode die päpstliche Unfehlbarkeit nicht anerkannte, habe ich zwei Belege angeführt, nämlich die Rede des kaiserlichen Commissärs Baanes „über die höchste Autorität der Kirche," worin es hieß, die Träger der von dem Herrn der Kirche verheißenen Unfehlbarkeit seien die fünf Patriarchate, mit andern Worten, der ganze Episkopat. Die Synode schwieg dazu, was sie unmöglich hätte thun können, wenn dieß eine neue der Anschauung des ganzen christlichen Alterthums widersprechende Lehre gewesen wäre. Als zweiten Umstand erwähnte ich, daß, nachdem jene Formel, wo dem apostolischen Stuhle zwar nicht ausdrücklich, aber doch der Sache nach, die Unfehlbarkeit zuerkannt war, von dem Griechischen Clerus unterzeichnet war, Mehre dem Patriarchen Ignatius und dem Kaiser Basilius vorstellten, man habe nicht wohl daran gethan, die Kirche von Constantinopel in solche Abhängigkeit von der Römischen gerathen zu lassen, daß jene dieser wie eine Magd der Herrin überliefert worden sei. Der Kaiser gab auch den Befehl, den päpstlichen Legaten die Unterschriften der Griechen zu dieser Formel heimlich zu nehmen. Mit einem Theile derselben gelang es auch; der größten Bemühung der Legaten glückte es, sie zurückzuerhalten. Auf der Heimreise aber wurden ihnen mit ihrer sonstigen Habe auch die Acten entrissen. Ich verstehe nun nicht, wie Mittermüller hieran die Bemerkung knüpfen kann: „Wunderliche Logik, wornach auf derselben Synode das frühere, bloße Schweigen zu einer kaiserlichen Rede mehr beweis't, als die spätere, ausdrückliche Annahme und Unterzeichnung der päpstlichen Formel [3])!" Wie es mit dieser Annahme beschaffen war, habe ich gezeigt.

Von dem heiligen Cyprian wirft mir Mittermüller vor, daß ich denselben „mit der heiligen Schrift und allen Vätern in Widerspruch setze." Er beruft sich hiefür auf meine Uebersetzung der bekannten Stelle an Quintus, wo Cyprian gegen Papst Stephan I., mit dem er wegen der

---

1) Bd. I, 190.   2) Bd. I, 201. — 3) S. 719. Die betreffenden Worte sind von dem Hrn. R. selbst unterstrichen.

Frage über die Gültigkeit der Ketzertaufe im Streite lag, sagt: Nam nec Petrus, quem primum dominus elegit et super quem aedificavit ecclesiam, cum secum Paulus de circumcisione postmodum disceptaret, vindicavit sibi aliquid insolenter aut arroganter assumsit, ut diceret, se primatum tenere, et obtemperare a novellis et posteris sibi potius oportere. Diese Stelle konnte ich und kann ich noch gegenwärtig im Hinblick auf die so klar und bestimmt ausgesprochenen Gegensätze nicht anders verstehen als so: Petrus hätte sagen können: Ich bin der Aeltere, bin eher als du zum Apostolat berufen, auf mich ist die Kirche gebaut worden, du als der Jüngere und später Berufene mußt mir dem Aelteren gehorchen [1]). Dagegen bemerkt Mittermüller: „Cyprian habe nach meiner Meinung nicht gewußt, daß Andreas früher von dem Herrn berufen wurde und älter sei als sein Bruder Petrus" [2]). Ich habe auf diesen Spott an den Herrn Recensenten bloß eine kleine Bitte zu stellen, er möchte doch die Stelle Cyprians noch einmal ansehen. Er wird dann vielleicht finden, daß es sich nicht darum handelt, ob Andreas, sondern ob Paulus, dessen Streit mit Petrus erwähnt wird, früher als dieser berufen worden sei. In Bezug auf Paulus, sagt Cyprian, hätte Petrus sein Prioritätsrecht geltend machen können. Uebrigens füge ich hier bei, daß ich bezüglich meiner Darstellung der Anschauung Cyprians über die Autorität der Kirche noch immer mit mir selbst ringe, indem ich denselben einerseits von den bedeutendsten katholischen Dogmatikern und Kirchenhistorikern als Hauptzeugen für den Primat gebraucht finde, andererseits aber aus der Vergleichung seiner verschiedenen Aussprüche hierüber mich hievon nicht überzeugen kann. Ich habe erst in den letzten Tagen wieder unter Anderm „Staudenmaiers Wesen der katholischen Kirche" durchgesehen; aber auch seine Benützung Cyprians konnte mich durchaus nicht befriedigen. Ich bitte deßhalb sehr um geduldigste Nachsicht; es ist ja die Pflicht jedes gewissenhaften Historikers, vor Allem bei meiner Frage, keinem auch dem besten Theologen etwas einfach nachzuschreiben, wenn er sich nicht selbst überzeugen kann und dieß gelang mir in diesem Punkte bisher nicht. Ich bitte meine Leser, nicht zu vergessen, daß ich ein jüngerer Theologe bin, und daher in diesem Punkte, wo ich mir selbst noch nicht hinlänglich klar bin, doch lieber der Auffassung älterer und tüchtigerer zu folgen.

Ein sehr heftiger, aber ebenfalls ganz von Zaun gebrochener Vorwurf ist dieser: Ich „grolle jeder Ausübung politischer Gewalt durch die mittelalterlichen Päpste" [3]). Was muß doch Herr Professor Mittermüller von meinem Temperamente für eine Ansicht haben? Er glaubt wohl, ich sei ein finsterer, mit der Welt und mit mir selbst zerfallener, misanthropischer

---

[1]) Bd. I, 107. — [2]) S. 718. — [3]) S. 713.

und vielleicht auch noch hämorrhoidarischer Melancholiker, der bei Allem was ihn nur ein wenig unsanft berührt, zu grollen und zu schmollen anfängt. Grollen kann man außerdem ja doch nur einem persönlichen Feinde, der einem ein großes, schwer verzeihliches Unrecht, einen bleibenden Schaden zugefügt hat, und insofern könnte ich am allerehesten manchem meiner Herren Recensenten grollen. Warum ich aber jeder Ausübung politischer Gewalt durch die mittelalterlichen Päpste grollen sollte, das sehe ich wahrhaftig nicht ein. Ich glaube, auch der erbittertste Gegner des Papstthums wird derselben nicht grollen. Nun wird mir aber selbst von meinem allerübelgesinntesten Kritiker zugestanden: „daß ich mit Begeisterung von der weltgeschichtlichen Bedeutung des Papstthums rede als Bewahrers und Retters nicht nur der religiösen, sondern auch der bürgerlichen Freiheit gegenüber dem Staatsdespotismus, und die Nothwendigkeit der Freiheit und Unabhängigkeit des Papstes durch geschichtliche Argumente beweise" [1]).

Was ich über Papst Clemens V. gesagt, ist keineswegs eine „Verunglimpfung." Schon Döllinger hat von demselben bemerkt: „So nachgiebig und gefällig bis zur Unterwürfigkeit Clemens sich gegen den König von Frankreich bewies, so hochfahrend und herrisch, selbst mit Ueberschreitung aller Schranken der kirchlichen Gewalt, zeigte er sich gegen Andere." „Sein Pontificat zeigte deutlich, was schon unter Martin IV. und Bonifaz VIII. wahrzunehmen war, daß das Papstthum von jener Höhe, auf welcher es die Angelegenheiten der christlichen Welt mit sicherer Hand zu leiten vermochte, herabgestiegen sei und sich einer weltlichen, klug berechnenden, bald auch auf Gelderwerb gerichteten Politik ergeben habe, in Folge welcher der gemeinsame Vater der Christenheit sich zugleich als der willfährige Diener des einen Fürsten und als der gebieterische Oberherr des andern geberdete" [2]). Es handelte sich bei der Excommunication des Kaisers Andronicus durch den Papst ganz und gar nicht um eine bloß kirchliche Angelegenheit und der Bannfluch verstand sich keineswegs, wie der Herr Recensent sagt, von selbst, und ist nicht „mit den trennenden Ehehindernissen und allen andern irritirenden Verboten und Gesetzen der geistlichen und weltlichen Obrigkeit" zu vergleichen. Von einem „Rückfall in das Schisma" kann bei Andronicus gar keine Rede sein, weil er der Union, die schon lange wieder zerrissen war und eigentlich ohnehin nie bestanden hatte, gar nie angehört hatte. Der Papst handelte ganz im Französischen Interesse, er wollte die Griechische Dynastie unter dem Vorwande des Schisma's stürzen und Constantinopel an das Französische Herrscher-Haus bringen. Zu diesem Zwecke war Karl II. von Neapel,

---

1) Münchener Pastoral-Blatt Nr. 48. S. 208. S. Bd. I, 148—150, 165, 223.
2) Döllinger, Lehrbuch der Kirchengeschichte. 2. Aufl. Regensburg 1843, II, 251, 254.

Bruder des Königs Philipp des Schönen, dessen Sclave Clemens V. war, schon im Jahre 1301 von Bonifaz VIII. mit Catharina, einer Tochter von einem natürlichen Sohne Balduins, vermählt worden. Benedict XI. hatte ebenfalls seine Zustimmung gegeben, daß Karl mit Hilfe eines Kreuzheeres den Händen der Schismatiker das Griechische Reich entreiße (1304), und hiefür den kirchlichen Zehent bewilligt. Clemens V. verlieh Allen, welche gegen die Schismatiker ziehen würden, den nämlichen Ablaß, als wenn sie den Türken das heilige Land entreißen würden (1306). Und im folgenden Jahre excommunicirte er den Kaiser Andronicus und erklärte ohne irgend eine Einschränkung, natürlich mit Bezug auf diesen Krieg, alle Bündnisse der Katholiken mit demselben, wenn sie eidlich und wie immer bekräftigt seien, für null und nichtig. Was anders hieß dieses, als den Kaiser und das Griechische Reich, d. h. die christlichen Mitbrüder den hochfliegenden Plänen Frankreichs zu Liebe den Türken preisgeben, mit denen sie ja ohnehin schon dadurch auf eine Linie gestellt waren, daß der Kampf gegen beide mit gleichen kirchlichen Ablässen begnadigt wurde? Hat doch der nämliche Papst um die gleiche Zeit dem König Philipp auf fünf Jahre die Zehnten der Französischen Kirche behufs eines ungerechten Krieges gegen Flandern bewilligt und dem König Eduard von England zu Gefallen den unerschütterlichen Vertheidiger der Rechte der Kirche, den Erzbischof Robert von Canterbury, suspendirt.

Zu allem Ueberflusse schiebt mir endlich Mittermüller auch noch absichtliche Verfälschung unter, wenn er von einer gewissen Stelle [1]) sagt, ich nehme dieselbe anders „aus begreiflichen Gründen, um so den Sinn des Satzes umkehren zu können" [2]). Hiegegen ist natürlich eine Vertheidigung nicht möglich, und für alle vorurtheilslosen Leser meines Werkes wohl auch nicht nöthig. Auf ein paar andere Vorwürfe, namentlich den der „unpriesterlichen Sprache" werde ich noch später Gelegenheit zu antworten haben. Vorläufig sei hierüber nur bemerkt, daß die Kritik Mittermüllers wohl von Niemandem als Muster einer priesterlichen Sprache erfunden werden dürfte, und ich meine, als Mitpriester ihm und auch den andern, namentlich dem Herrn Recensenten im Münchener Pastoralblatte gegenüber, in die Klage des heiligen Gregor von Nazianz „über falsche Freunde" einstimmen zu sollen [3]):

> Δεινὸν τὸ πάσχειν. Ἂν δὲ καὶ φίλων ὕπο,
> Ὢ χεῖρον. Ἂν δὲ καὶ λαϑραίοις δήγμασι,
> Τοῦτ' οὐ φορητόν. Ἂν δὲ καὶ πιστῶν ὕπο,
> Ἐπίσχες. Ἂν δὲ καὶ θεοῦ παραστατῶν,
> Ποῖ τις τράπηται: πῶς φυγὴ κακῶν φορᾶς;
> Δεινὸν τὸ λυποῦν· ἂν δὲ καὶ θυηπόλοις,
> Ἄκουε χριστὲ καὶ δίκαζε τὴν δίκην!

1) Bd. I, 347. — 2) S. 712, Note. — 3) Gregor. Naz. Opera ed. Paris 1840, II, 492, 494.

III.

Am Eingänglichsten ist mein Werk von Herrn Professor Hergen=
röther besprochen worden. Seine Kritik muß mir an und für sich schon
deßhalb die wertheste sein, weil sie von einem der wenigen deutschen Theo=
logen kömmt, die auf diesem Gebiete der orientalischen Kirchenfrage gründ=
lichere Sachkenntniß besitzen. Seine Beurtheilung war daher gewiß von dem
größten Einflusse auf alle diejenigen, welche nicht in der Lage sich befinden,
mein Werk selbst sich verschaffen zu können oder zu wollen. Einige andere
Recensenten, wie die Allgemeine Wiener Literatur=Zeitung und namentlich
das Münchener Pastoralblatt haben auch ohne Weiteres auf Hergenröthers
Kritik sich berufen. Vor Allem sind aber durch Hergenröthers Recension
alle jene in ihrem Urtheil über mein Werk und seinen Verfasser bestimmt
worden, die, wie der Dichter sagt, selbst nicht wissend warum, doch

like to village curs bark when their fellows do [1]).

Hat doch einer von diesen die Aeußerung gethan: „jeder junge Bär wolle
nun seine Borsten an dem Felsen Petri reiben." Da die Hergenröther'sche
Kritik sogar in einem eigenen Separatabdruck verbreitet worden ist, so bin
ich schon dadurch veranlaßt, mit deren Beleuchtung am Ausführlichsten mich
zu beschäftigen.

Die ganze Recension Hergenröthers und schon der Titel derselben „Neue
Studien," die doch größtentheils nur aus meinem eigenen Buche geschöpft sind,
aber mit einer Verwirrung, daß ich selbst mich kaum zurecht fand, und
nicht selten wahrhaft staunen mußte, wie eine Behauptung mit einem Citat
aus meinem Buche belegt wird, von der ich mir selbst nichts habe träumen
lassen, und von der auch in der That in demselben nichts steht, machte auf
mich den Eindruck, als fühlte sich der Herr Recensent gewissermassen ver=
letzt, daß ich in seine Domäne eingegriffen habe. Es fiel mir nicht ein,
auf die Würde eines Meisters oder auch nur eines Mitarbeiters auf diesem
Gebiete Anspruch machen zu wollen; ich wäre schon vollauf zufrieden ge=
wesen, wenn ich nur als Handlanger angenommen worden wäre, den man
aber doch auch statt des verdienten Liedlohnes nicht hätte mißhandeln sollen.
Der Herr Recensent nennt sich offenbar selbst „den geübtesten Forscher,"
indem er sagt, daß der Gegenstand meiner Arbeit „selbst dem geübtesten
Forscher so bedeutende Schwierigkeiten zeigt, daß eine gewissenhafte Kritik
auch bei einem begabten Anfänger im theologischen Lehramte leicht Vieles
zu tadeln und zu bestreiten findet" [2]). Auf den möglichen Einwurf, der

---

[1] Shakespeare, King Henry VIII. London 1786. Im 5. Bde. S. 57.
Nach A. Schlegel. Berlin 1854, 8. Lief., S. 238. „Die, Dorfhunden gleich, mitbellen,
wenn's ihre Collegen thun." — [2] Chilianeum. 1864, V, 119.

Herr Recensent habe sich mit diesem Ausdrucke nicht selbst gemeint, erwiedere ich gleich im Voraus, daß es allerdings deutlicher gewesen wäre, wenn er noch beigefügt hätte: „mir, dem geübtesten Forscher." Aber woher soll denn der Herr Recensent wissen, daß diese Arbeit auch dem geübtesten Forscher so bedeutende Schwierigkeiten zeigt, wenn er nicht selbst sich damit meint? Es ist der Standpunkt vermeintlicher Meisterschaft, den der Herr Kritiker eingenommen hat. Er setzt sich auf das hohe Roß, um mich mit der Wucht seiner ganzen gewaltigen Autorität zu erdrücken und stimmt mitunter einen väterlichen Ton an, als gälte es, einen übermüthigen Jungen zu züchtigen. Ein Compliment für Fleiß und Begabung, von so hoher Hand gebracht, das freilich zu den Vorwürfen der Flüchtigkeit und Befangenheit schlecht sich reimt, wird mich ohnehin ganz glücklich machen.

Nachdem im Eingange zugegeben worden, daß meinem Gedanken, auch der Occident sei von einem guten Theil der Schuld an dem Ursprunge und der Fortdauer dieser Trennung nicht frei zu sprechen, seine Berechtigung nicht versagt werden könne, daß die gewöhnlichen Darstellungen der Kirchenspaltung vielfach einseitig seien, daß man zugeben müsse, es hätten **sich beide Theile vielfach verfündigt und die Wiederherstellung der gestörten Union unendlich erschwert**[1]): wird im Verlaufe der Kritik dieses anfängliche Zugeständniß immer mehr abgeschwächt und zuletzt doch geradezu zurückgenommen. Schon wenige Sätze darnach wird mir vorgeworfen, ich hätte „alle Data und Ereignisse in einem möglichst günstigen Lichte für die Griechen und in einem möglichst ungünstigen für die Lateiner und besonders für die Päpste dargestellt und gruppirt"[2]. Wie hieraus z. B. meine Vertheidigung der von den Griechen so sehr angegriffenen weltlichen Gewalt der Päpste im Mittelalter, meine Darstellung Gregors VII., meine Begründung des päpstlichen Primates, meine Behauptung, die Griechische Kirche sei im schreiendsten Widerspruche mit ihrer gesammten Tradition von dem Bekenntnisse desselben abgefallen und habe den Zustand der Knechtschaft unter dem kaiserlichen Einflusse als den normalen und gesetzmäßigen erklärt u. s. f. vereinbar sein sollen, weiß ich nicht. Dann heißt es weiter: „**Die mit irgend einem Schein von Recht ausgestatteten Anklagen der Griechen sind sämmtlich jüngeren Datums als die Entstehung des Schismas**"[3]. Historiker geben sonst gewöhnlich zu, daß erst die Kreuzzüge dasselbe zum förmlichen Ausbruche gebracht und den Riß unheilbar gemacht haben. Während der Herr Recensent die von mir erwähnten Ungerechtigkeiten der Lateiner gegen die Griechen in den Kreuzzügen im Eingange zugesteht, sucht er nachher dieselben als ganz unbedeutend zu erklären durch die Bemerkung: „Ein Volk, das gleich den

---

1) S. 9. — 2) S. 11. — 3) S. 17.

heutigen Chinesen, in der tiefsten Erstarrung begriffen war und nur von Haß gegen die Lateiner glühte, konnte sich den Abendländern von keiner vortheilhaften Seite zeigen. Die Lateiner könnten zwar namentlich wegen der Einnahme Constantinopels im Jahre 1204 nicht gerechtfertigt werden, aber die Priorität in solchen Excessen haben die Griechen" [1]). In letzterem Falle hatten sie dieselbe offenbar nicht.

Hergenröther gibt nicht zu, daß auch nur irgend ein Papst dem orientalischen Ritus zu nahe getreten und in seinen Forderungen zu weit gegangen sei, sondern bemerkt vielmehr in deren Verhalten die „wunderbarste Consequenz" [2]). Ebenso erklärt er es für gerecht, die Mißgeschicke der Griechen als Strafe des Schismas zu betrachten und die wissenschaftliche Erstarrung als Vorwurf gegen sie zu gebrauchen [3]). Hiegegen möchte ich mir doch noch erlauben, daran zu erinnern, was der heilige Augustin in Bezug auf die Donatisten bemerkt: daß namentlich diejenigen, welche ihre falschen und verkehrten Ansichten nicht boshafter Weise selbst ausgeheckt, sondern von verführten und im Irrthume befindlichen Eltern empfangen haben, dabei aber guten Willens und bereit sind, die Wahrheit, sobald sie dieselbe finden, anzunehmen, keineswegs unter die Häretiker zu rechnen seien [4]). Diesen Grundsatz glaube ich ohne Bedenken auf die heutigen orientalischen Christen anwenden zu dürfen. Wohl nur von einem verschwindend kleinen Theile wird sich mit Grund behaupten lassen, daß sie böswillige Schismatiker seien, die in bewußtem Unrecht in der Trennung vom apostolischen Stuhle verharren. Behalte übrigens der Herr Kritiker nur seine Meinung, sei er aber doch so billig, den Andersdenkenden nicht sogleich als „befangen" zu erklären. Endlich sagt Hergenröther ganz allgemein: „Die Anerkennung solcher Fehler (namlich der Lateiner den Griechen gegenüber) wird in den Hauptfragen kein entscheidendes Gewicht haben können" [5]). Ich meinerseits glaube, daß dieselben für die Union von viel entscheidenderem Gewichte sind, als alle andern Fragen.

Der Schlußsatz des Herrn Recensenten, ich gestehe es aufrichtig, war übrigens die Anschauung, mit der ich selbst an die Arbeit ging, und mit der wohl der allergrößte Theil meiner Leser mein Werk in die Hand nehmen wird, daß nämlich, auch einige unbedeutende Fehler unsererseits zugegeben, doch in der Hauptsache die ganze Schuld der Trennung auf

---

1) S. 18. — 2) S. 107. — 3) S. 111.
4) Augustinus Opera, ed. Venetiis 1729. T. II, 88 f.: „Qui sententiam suam quamvis falsam atque perversam, nulla pertinaci animositate defendunt, praesertim quam non audacia praesumtionis suae pepererunt, sed a seductis atque in errorem lapsis parentibus acceperunt, quaerunt autem auta sollicitudine veritatem, corrigi parati, cum invenerint, nequaquam sunt inter haereticos deputandi" — 5) S. 113.

Seite der Orientalen liege. Und wie hätte ich auch eine andere Anschauung haben können, da ja alle katholischen Geschichtschreiber des Schismas von Maimbourg bis Cozza, Chowanetz, Theiner, Jager, Tosti und Schmitt dasselbe nur in diesem Sinne dargestellt haben? "Ein kleineres Uebel, sagt Don Luigi Tosti, würde es für den Orient gewesen sein, wenn Photius, nach dem Beispiele des Apostaten Julian, dem christlichen Princip das heidnische substituirt hätte, statt es schändlicher Weise mit dem Schisma zu beflecken. Denn während man im Heidenthume ein Element von natürlich Gutem finden könne, lasse sich dagegen im schismatischen Christenthume nicht einmal der Schein eines menschlichen Guten entdecken"[1]). Der scholastische Beweis für diesen Satz, daß das Heidenthum dem schismatischen Christenthum vorzuziehen sei, ist einfach dieser: "Die Verletzung der Einheit und der Liebe ist absolute Negation des Guten." Deßhalb, sagt Tosti weiter, ist der Name des Photius einer elenden Infamie verfallen, die Greuel Attila's sind geheilt, das Photianische Geschwür aber frißt noch fort." Ist hier nur eine Spur von Verständniß der Geschichte zu finden? Je tiefer ich selbst in die Sache eindrang, desto unhaltbarer und ungenügender erschien mir die bisherige Auffassungsweise der Griechischen Kirchentrennung. Der Herr Recensent im Münchener Pastoralblatte ist völlig irrig daran, wenn er sagt: "er glaube mir keine zu arge Supposition zu machen durch die Annahme, mein gewonnenes Resultat, daß auch der Occident von einem guten Theil der Schuld nicht freizusprechen sei, habe mir auch als anzustrebendes Ziel vorgeschwebt und dieser originelle Magnet habe mir nicht mehr die nöthige Freiheit der Forschung gelassen." Ein aufmerksamer Leser wird den Proceß, welchen ich in meinem eigenen Studium hierüber durchgemacht, ohne besondere Mühe herausfinden, und könnte vielleicht in Bezug auf manchen Punkt einige Unentschiedenheit in meinem Urtheile wahrnehmen. Dieß kann mir aber, glaube ich, in den Augen keines billigen Richters zur Last fallen, und ich meine nicht zu irren, wenn ich behaupte, daß es auch dem gereiftesten und gewiegtesten Historiker gerade so ergeht. Und die Zumuthung, ich hätte, bevor ich mir über jede einschlägige Frage ganz klar war, mein Werk gar nicht veröffentlichen sollen, kommt jener gleich, ich hätte dieß überhaupt gar nie thun sollen. Ich glaube, die Berechtigung hiezu liegt schon darin, daß Einer sich das Zeugniß geben kann, er kenne vollständiger, als wohl die meisten früheren Bearbeiter eines Thema's, die einschlägige Literatur, und sei doch auch schon in dem Alter, wo andere Leute zum Verstand zu kommen anfangen. Kein junger Mensch weiß, ob er alt wird, warum soll er die Frucht einer mühseligen Arbeit nicht veröffentlichen dürfen? Diese Rechtfertigung wird wohl

---

1) Tosti, Storia dell' origine dello scisma greco. Firenze 1856, I, 442.

Manchem überflüssig erscheinen, aber der Herr Recensent im Münchener Pastoralblatt hat ja ausdrücklich gesagt, mein Werk wäre viel besser nicht geschrieben worden, das Erscheinen desselben sei „zu bedauern." Hergenröther meint, ich hätte es doch erst nach einigen Jahren veröffentlichen sollen. Aber nach Verlauf dieser Zeit werde ich vielleicht wieder ein anderes Werk erscheinen lassen, und wäre es auch nur, damit manche Herren Recensenten auch wieder eine Beschäftigung haben.

Und nun will ich im Einzelnen zuerst einige allgemeine, dann specielle Vorwürfe Hergenröthers beleuchten. Derselbe sagt: „in meinem Buche sei bei Weitem nicht Alles in der Weise behandelt worden, wie man von einem katholischen Docenten der Theologie in Bayern in einem solchen Werke es besprochen zu finden erwartet hat, und wohl auch erwarten durfte"[1]. Darauf erlaube ich mir, wenn auch vielleicht etwas unbescheiden, zu erwiedern, daß es mir nicht bekannt ist, daß Herr Professor Hergenröther, als er in meiner Stellung war, Besseres geleistet habe. Ein verehrter Herr Recensent in der „Sion" hatte die Billigkeit, ausdrücklich anzuerkennen: „er sei vollkommen überzeugt, daß ich Alles, was ich gesagt, nur aus Liebe zur Kirche und im Interesse der Wahrheit ausgesprochen habe"[2]. Ich wußte wohl, wie ich es hätte angehen sollen, um den Beifall einer gewissen Partei zu gewinnen. Ich hätte nur auf Griechen und Russen in der herkömmlichen Weise loszuschimpfen gebraucht, so hätte ich ganz gewiß bei derselben mehr Lorbeeren mir errungen. Es ist doch bemerkenswerth: gegen Protestanten und Orientalen kann Einer das albernste Zeug schreiben, ja die ungerechtesten Vorwürfe und Anklagen gegen sie erheben, die größten Einseitigkeiten sich zu Schulden kommen lassen, ohne von einer solchen Partei, die vorzugsweise katholisch zu sein und die katholischen Interessen zu vertreten sich rühmt, einen Tadel befürchten zu müssen. Dagegen braucht man auf irgend eine in den eigenen kirchlichen Zuständen vorhandene wunde Stelle auch nur ganz zart hinzutupfen, oder auf einen den christlichen Mitbrüdern gegenüber begangenen Fehler, wenn auch noch so schüchtern, aufmerksam zu machen, geschweige erst gar eine Lieblingstheorie in bestgemeinter Absicht zu einem noch so edlen Zwecke anzutasten, so erhebt man ein Zeter- und Mordio-Geschrei, man beginnt zu verdächtigen und zu verketzern, ja man droht, wie mein Münchener Pastoral-Blatt-Recensent, mit dem Anathem. Vor zwei Jahren habe ich eine Schrift veröffentlicht über den Patriarchen Cyrillus Lukaris und in derselben einmal den Protestanten entschieden Unrecht gethan, weil ich eine mir erst später zugekom-

---

[1] S. 114.
[2] Katholische Literatur-Blätter zur Sion und zum (Augsburger) Pastoralblatt. 1864. Juni Nr. 1. S. 85.

mene Quelle nicht kannte. Ich erklärte nämlich die Angabe des Englischen Gesandten Roe, daß der Französische Gesandte mit Hilfe der Jesuiten die Absetzung Cyrills erwirkt habe, für eine „zu alberne Lüge" ¹). Aus dem von Hugo Lämmer veröffentlichten Berichte des Französischen Gesandten an den heiligen Stuhl vom 30. April 1623 ²) geht aber unzweifelhaft hervor, daß es doch so war. Keiner dieser Recensenten tadelte mich deßhalb, auch Hugo Lämmer selbst nicht, der doch dießmal gleich gegen mich schrieb und mein Buch als ein „gehässiges und oberflächliches" bezeichnete. Auch in dem ersten Bande dieses Werkes begegnete es mir, den Protestanten den offenbar ungerechten Vorwurf zu machen, sie hätten das im ganzen Orient verbreitete Vorurtheil über die gewaltigen Ansprüche des Papstthums, das man wie ein Gespenst schildere, erst geschaffen ³). Ich selbst habe aber noch früh genug diesen Fehler erkannt, und am Schlusse des Buches unter den „Berichtigungen" ihn verbessert. Hergenröther hat mein Verzeichniß der „Berichtigungen" gar nicht angesehen, dagegen jene meine Behauptung ausdrücklich angeführt und als „ganz richtig" erklärt ⁴). Seit Jahrhunderten hat man in der Darstellung der Geschichte des Griechischen Schismas nur immer das alte Lied wiederholt, daß die Orientalen allein die ganze Schuld an der traurigen Spaltung tragen und als gerechte Strafe hiefür unter dem Sclavenjoch seufzen. Diese einseitige Auffassung durfte sich tadellos geltend machen. Wenn nun aber Einer sagt, die Schuld müsse getheilt werden und von einigen katholischer Seits den Andersgläubigen gegebenen Aergernissen zu sprechen wagt, und vielleicht mit angebornem Freimuthe dieses thut, wobei es ihm etwa gar einmal begegnet, beim Auffinden einer den christlichen Mitbrüdern zugefügten Unbill einen ziemlich starken, ja vielleicht zu starken Ausdruck zu gebrauchen, so sieht man diesem nicht nach, was man sich selbst siebenzigmal siebenmal verzeiht oder gar nicht anrechnet.

Ein anderer Vorwurf Hergenröthers gegen mich ist der der **Parteilichkeit und fast roher Unwissenheit.** „In ähnlicher Weise, wie ich verfahren bin, sagt Hergenröther, würde jeder einigermaßen gebildete Pope oder Theologe von Neu-Athen, wenn er unter Occidentalen leben und schreiben müßte, ebenfalls verfahren" ⁵). Hiedurch könnte ich mich an und für sich nicht so sehr verletzt fühlen, würde nicht der Herr Recensent hiemit mir wie den Griechen und überhaupt, wie es scheint, den confessionell Andersdenkenden den Sinn für Wahrhaftigkeit absprechen. Ich gestehe aufrichtig, daß ich bereits oft genug die Erfahrung gemacht

---

1) Geschichte des Protestantismus in der orientalischen Kirche. München 1862. S. 123.
2) Hugo Lämmer, Analecta Romana. Schaffhausen 1861. S. 116.
3) Bd. I, 23. — 4) Chilianeum S. 56. — 5) S. 117.

habe, es sei gerade bei denen, die sich auf ihren exclusiv katholischen Standpunkt in der Geschichtsforschung gar so viel zu Gute thun und immer das Wort im Munde führen: „der Protestantismus und erst gar die getrennten orientalischen Kirchen könnten ohne Entstellung und Fälschung der katholischen Wahrheit nicht bestehen," mit der historischen Genauigkeit und Gewissenhaftigkeit nicht so weit her. Vorurtheile gibt es hüben und drüben, nur sieht man den Balken im eigenen Auge nicht so leicht, wie den Splitter im Auge des Bruders. Will man sich überzeugen, daß es wirklich in der Wissenschaft auch auf katholischer Seite, so gut wie auf protestantischer, einen Parteistandpunkt gibt, so wüßte ich für einen Deutschen Leser im Augenblicke kein besseres Beispiel anzuführen, als das Urtheil eines unbestritten strengen Katholiken, nämlich des Römischen Professors Perrone, über den Protestantismus. Perrone behauptet, was man kaum von der schlechtesten Zeit des verkommenen Heidenthums sagen darf: die protestantischen Nationen hätten bereits allen Glauben und alle Sittlichkeit verloren. „Durch die Einführung des Protestantismus, sagt er, möchte man Italien auf jene Bahn führen, welche die protestantischen Nationen nunmehr schon durchlaufen haben **unter dem Verluste alles Glaubens und aller Sittlichkeit**"[1]). „Die wahre und einzige Ursache der Reformation, sagt Perrone, ist der Hang nach Ungebundenheit in Glauben und Handeln; ist von Seite der Reformatoren der Stolz und die ehrgeizige Sucht nach einem gewissen Ruhme, den man darin sah, daß man das Haupt eines großen Anhanges wurde; ist die Unenthaltsamkeit und die Wollust von Seite der Verbreiter; ist von Seite der Fürsten und Herren der Raub und die Plünderung geistlicher Güter; ist die Zuchtlosigkeit von Seite des Gesindels und eines ungezähmten Pöbels; ist endlich der Zwang und die Gewalt, welcher der bessere Theil der Bevölkerung unterliegen mußte — nicht mehr und nicht weniger." „Das Wesen der Reformation oder des Protestantismus ist in **theoretischer** Hinsicht ein Chaos von Verwirrung und Widersinnigkeit; in **sittlicher** Hinsicht eine unendlich weite Quelle von Schlechtigkeit aller Art. In seiner Organisation und seinem Cultus liegt vor unsern Augen der **Mangel der Einheit und Liebe, weil er sich nur vom Hasse gegen den Katholizismus nährt**. Seine Wirkungen sind ein tiefer Abgrund von Zweifeln, von Beängstigung und Ungewißheit, eine Quelle von Bitterkeiten ohne Trost und ohne Hilfe: kein fester Friede im Leben und die herbsten Seelenängste im Tode. Dieß ist der Protestantismus in seinem Ursprunge, in seinem Wesen und in seinen Wirkungen, wenn man ihn auf seine Elemente

---

[1] Perrone, Der Protestantismus und die Glaubensregel. Aus dem Italiänischen übersetzt von Maier. Regensburg 1857. Vorrede S. XX.

und auf seinen letzten Ausdruck zurückführt. Er ist ein wahrer Abfall von dem Glauben an Jesus Christus, ein verhüllter Deismus, bedeckt mit dem Mantel einer äußern religiösen Form; er ist die größte Züchtigung, welche von Gott über den menschlichen Stolz verhängt wurde, **eines der schrecklichsten Verbrechen, deren der Mensch sich vor Gott schuldig gemacht hat**" [1]). „Derselbe ist aber in der Mitte des 19. Jahrhunderts in seinem größten Verfalle, hat bei allen Denkenden jedes Ansehen verloren, die öffentliche Meinung der ganzen Welt läßt ihn im Stiche, und er hat seine letzten Früchte: den Indifferentismus, Rationalismus, Pantheismus, Socialismus und Communismus hervorgebracht, eine allgemeine Sehnsucht nach der katholischen Einheit ist erwacht" [2]). „Die Lobredner des Protestantismus, sagt Perrone weiter, sind unablässig bemüht, die irdischen Vortheile, die Rührigkeit der Industrie und des Handels, welche in den protestantischen Ländern viel größer sei, als in den katholischen, den Katholiken vor die Augen zu rücken. Sie gewahren dabei den Umstand nicht, daß ihre Weisheit ganz dem Verhalten der unglücklichen Kinder der Hagar gleicht, welche sich so sehr beflissen, eine menschliche Klugheit zu entwickeln, die bei allen Vorzügen doch immer ganz trügerisch, ganz irdisch ist. Es darf uns nicht Wunder nehmen, wenn die Bedauernswerthen mit ihrer irdischen Weisheit gleich Ismael, ihrem ältesten Bruder, eines Tages aus dem Hause gestoßen werden, und wenn sie, zufrieden mit den Geschenken, welche in den werthlosen Gütern der Erde bestehen, keinen Anspruch auf die Erbschaft des Himmels erheben können. **Diese Weisheit ist von Gott als Thorheit erklärt**" [3]). Eben so steht es mit der Toleranz gegen die Griechen, wofür ein einziges Beispiel genügen mag. Weil die Griechen verlangten, es sollten die Kinder ihres Königs orthodox erzogen werden, darum, sagt Perrone, „**schlug Gott jene hohe Ehe (nämlich des Königs Otto) mit Unfruchtbarkeit**" [4]).

Oder um nicht bloß einen einzelnen Mann, sondern gleich eine ganze Richtung zu nennen, so sagt der „Mainzer Katholik" von Giesebrechts Kaisergeschichte: „Giesebrecht ist bei Weitem noch nicht in jeder Beziehung zu einer rein objectiven Geschichtsforschung vorgedrungen, davon zeugen die vielfachen protestantischen Elemente und Reste, an denen die Kaisergeschichte überreich ist" [5]). Die nämliche Zeitschrift macht aber auch dem ersten katholischen Kirchenhistoriker der Gegenwart, Döllinger, den Vorwurf: „Er verrückt den Schwerpunkt des kirchlichen Lebens und widerspricht in wahrhaft unbegreiflicher Weise **unserm katholischen Bewußtsein**" [6]). Dieß sagt

---

1) Perrone, III, 499 f. — 2) Perrone, III, 505. — 3) Perrone III, 509. — 4) Perrone III, 241, Note. — 5) Katholik, 1863, II, 222. — 6) Katholik, 1864, Augustheft S. 217.

der Mainzer Katholik mit Bezug auf Döllingers Rede vor der Münchener Gelehrtenversammlung. Da die Mitglieder derselben von einer solchen „Verrückung" nichts merkten, so kann nur angenommen werden, daß der Mainzer Katholik ein **ganz eigenes** katholisches Bewußtsein besitzt.

Im Zusammenhange mit der vorigen Beschuldigung Hergenröthers steht die einer „**unzeitigen Hingabe und Vorliebe für akatholische Autoren**," aus welcher sich die Tendenz meines Buches erkläre¹). Man sollte meinen, der Herr Recensent sei mit der Literatur der Griechischen Schismatiker gänzlich unbekannt, wenn er glaubt, daß ein Deutscher Theologe für dieselben eine Vorliebe gewinnen könne. Unzeitig aber kann doch wohl eine Hingabe an dieselbe für einen Geschichtschreiber des Schismas nicht genannt werden. Ich glaube doch nicht, daß der Herr Recensent zu jenen Historikern gehört, die im Stande wären, eine Geschichte des Protestantismus oder des Griechischen Schismas zu schreiben, ohne einen einzigen protestantischen oder Griechischen Autor gelesen zu haben, zumal da er selbst als den „geübtesten Forscher" sich bezeichnet. Es kostete mich große Mühe, die Neugriechische und Russische theologische Literatur, welche ich natürlich so vollständig als möglich benützen mußte, mir auch nur zu verschaffen. Ein guter Theil derselben dürfte durch mein Werk in Deutschland erst näher bekannt werden; wie hätte ich aber daran denken können, daß ein Deutscher Gelehrter, der noch dazu in dieser Frage Schiedsrichter sein will, mir daraus einen Vorwurf machen würde?

Der größten Parteilichkeit und Unwissenheit soll ich mich namentlich in der Beurtheilung der Päpste und ihres Verhaltens gegen die Orientalen schuldig gemacht haben. Das Nämliche ist mir auch von Professor Mittermüller und dem Recensenten im Münchener Pastoralblatt zur Last gelegt worden. Hergenröther meint sogar, es sei sehr zweifelhaft, ob mein Werk das Vorurtheil gegen das Papstthum, statt zu beseitigen, nicht vielmehr nähren werde²). Hierauf habe ich zu sagen, daß **ich** daran jedenfalls ganz unschuldig wäre. Ich konnte meinen Zweck, den Orientalen das Vorurtheil gegen das **Papstthum** und den **Primat** zu benehmen, nicht etwa dadurch zu erreichen hoffen, daß ich alle Fehler **einzelner** Päpste zu vertuschen oder abzuläugnen suchte, sondern nur dadurch, daß ich einerseits strenge unterschied zwischen dem Papstthum als göttlichen Institut und den einzelnen menschlichen Verwaltern desselben, andererseits genau auseinanderhielt, was bezüglich des Primates Lehre der unfehlbaren Kirche und was theologische Meinung sei; denn der bei Weitem größte Theil der Angriffe der Orientalen auf das Papstthum ist in dieser Confundirung begründet. Den Primat und das Papstthum habe ich überall so entschieden

---

1) Chilianeum, S. 118. — 2) S. 56. Ebenso Mittermüller, Katholik, S. 723

und, wie ich es wenigstens versuchte, so gründlich vertheidigt, als es von einem katholischen Theologen nur immer verlangt und erwartet werden kann. Dieß war aber nicht immer möglich in Bezug auf einzelne Päpste, auf das Verhalten lateinischer Missionäre und der Lateiner überhaupt.

In letzterer Hinsicht ist mit Recht eine Stelle allgemein anstößig gefunden worden, wo von 46 Päpsten in der Zeit von Photius bis Cärularius die Rede ist, von denen die allermeisten nichtswürdig gewesen seien [1]). Sie ist aber einfach ohne meine Schuld corrupt. Im Manuscript ist nur von 36 Päpsten die Rede, und es heißt, daß von diesen „mehre, wenn auch nicht, wie der Patriarch Nektarius sagt, die allermeisten nichtswürdig" gewesen seien. Dieses Versehen ist einfach dadurch entstanden, daß ein Mann, durch den ich mehre Bogen des Manuscriptes, darunter auch diesen, in's Reine schreiben und corrigiren ließ, eine Zeile übersah [2]). Das Nämliche kam leider nochmal vor (Bd. I, 320, §. 5, Z. 4), wo mir das Münchener Pastoralblatt „mehr als Leichtsinn" vorgeworfen hat. Ich habe einfach einem mir bestens empfohlenen Copisten zu viel vertraut. Schon nach nach dem ersten Artikel Hergenröthers über mein Buch schrieb ich selbst an ihn und sprach über ersteres Versehen mein Bedauern aus; er fand sich aber nicht bewogen, im Verlauf seiner Kritik davon Erwähnung zu thun, und so ist mir auch von den Nachschreibern Hergenröthers, wie von dem Recensenten im Münchener Pastoralblatt, diese Stelle als „historische Unwahrheit" vorgeworfen worden.

Ehe ich auf einzelne Fälle, wo mir ungerechte Urtheile gegen Päpste und die Lateiner vorgehalten werden, eingehe, muß ich zuvor im Allgemeinen den Vorwurf beleuchten, ich hätte durchweg die Fehler Dieser strenger gerügt als die der Griechen, meine Darstellung verrathe daher große „Impietät." Diesen Vorwurf verstehe ich recht wohl, glaube mich aber um denselben nicht kümmern zu sollen. Es handelt sich hier um eine scheinbare Collision von Pflichten, nämlich der Selbstliebe mit der Nächstenliebe, der Pietät mit der Objectivität des Historikers. Jeder Mensch ist gewohnt, seine eigenen Fehler am Gelindesten zu beurtheilen, dagegen die der Andern um so strenger. Der Einzelne hat allerdings kein Recht, die Fehler namentlich von Oberen aufzudecken und zu tadeln, er wird im Gegentheile sie mit dem Mantel der Liebe bedecken, und wer dieses nicht thäte, verdiente mit allem Rechte den Vorwurf der Rücksichtslosigkeit und Impietät. Ist aber das auch der Standpunkt des Historikers? Keineswegs.

---

1) Bd. I, S. 204.

2) Die Päpste selbst habe ich bloß aus dem Gedächtniß citirt, und hier ist mir ein lapsus memoriae begegnet, den ich aber schon berichtigt habe. In die Zeit von Photius bis Cärularius (886—1043) fallen nämlich Papst Stephan V. bis Benedict IX. (885—1044).

Schon die Alten, wie Polybius, Dionys von Halicarnaß, Plinius haben gesagt, der Historiker habe ein Richteramt auszuüben; ihn darf nicht jene Rücksicht leiten, wie etwa einen Beamten seinem Vorgesetzten gegenüber. Deßhalb läßt auch der Historiker die Lebenden so viel als nur möglich in Ruhe, und seine Stellung wird dann am Schwierigsten, wenn er es mit Fragen zu thun hat, die zwar ihrem Entstehen nach der Vergangenheit angehören, aber ihrer Wirkung nach auch auf die Gegenwart sich erstrecken und vielleicht sogar für die Gestaltung der zukünftigen Verhältnisse von großem Einflusse sind; denn wie Leibniz sagt, die Vergangenheit durch die Gegenwart geschwängert, gebiert die Zukunft.

Ich meinte daher, gerade nach christlichen Principien müsse ein Geschichtschreiber, zumal wenn er nach seinen Kräften beitragen will, die Versöhnung einer tausendjährigen Feindschaft und Spaltung vorzubereiten, die von seiner eigenen Partei, welche er hier repräsentirt, nach seiner Ueberzeugung wirklich begangenen Fehler, welche der Gegenpartei auch nicht unbekannt sind, vielmehr nur noch größer, als sie wirklich sind, erscheinen, keineswegs vertuschen und beschönigen, sondern durch ganz offenes Geständniß derselben den Mitbrüdern entgegen kommen und ihnen auf solche Weise das Geständniß ihrer eignen Fehler erleichtern, gerade wie wir von heiligen Männern wissen, daß sie, um schweren Sündern die Beichte zu erleichtern, zuvor denselben ihre eigenen Sünden gebeichtet haben. Dieß war mein Standpunkt bei meiner ganzen Darstellung, wie ich ihn gleich im Eingange selbst angegeben habe [1]). Unbekümmert um den Vorwurf der Impietät folge ich dem Grundsatze des heiligen Ambrosius: „Nichts macht auch einen Priester so verdammungswürdig vor Gott, und so verächtlich bei den Menschen, als seine Ueberzeugung nicht freimüthig auszusprechen" [2]). Was manche Andere hier Impietät nennen, um das konnte ich mich nicht kümmern. Sie verstehen darunter, wie vor Allem auch die bisherigen Darstellungen des orientalischen Schismas beweisen, das Hinweggehen über unläugbare von unserer Seite begangene Fehler oder doch kaum bemerkbare möglichst zarte Berührung derselben und eifrigstes Bestreben, sie zu entschuldigen und zu rechtfertigen, so gut es immer gehen mag. Das beste Mittel hiezu ist jedenfalls möglichst grelle Gegenüberstellung und die schärfste Hervorhebung der Fehler der Gegenpartei. Dieß nenne ich nicht Pietät, sondern einfach Ungerechtigkeit.

Sollte ich wirklich einmal irgend etwas für die Griechen zu günstig

---

1) Bd. I. 4, 5.
2) Ambrosius, Ep. 40, 2: Nihil etiam in sacerdote tam periculosum est apud Deum, tam turpe apud homines, quam quod sentiat non libere denuntiare.

und für die Lateiner zu nachtheilig dargestellt und also nach der entgegengesetzten Richtung als meine Vorfahrer gefehlt haben: wäre es denn dann ein gar so großes Verbrechen? Welcher Historiker, auch der gereifteste und gewissenhafteste, kann sich selbst das Zeugniß geben, daß er immer und in jedem Falle genau die absolute Wahrheit zu erkennen im Stande ist? Ich glaube gar keiner ohne alle Ausnahme. Tadelnswürdig kann nur eine geflissentliche Entstellung gefunden werden, und welcher Urtheilsfähige will es wagen, diesen Vorwurf gegen mich zu begründen? Habe ich etwa die Uebergriffe der Griechischen Kaiser in rein kirchlichen Angelegenheiten mit Stillschweigen übergangen, und weniger gerügt, als die zu hohen Ansprüche und Forderungen mancher Päpste? Habe ich die Griechischen und Russischen Theologen wegen ihrer Vertheidigung des Cäsaro-Papats weniger getadelt, als die überspannten Theorien mancher lateinischer Theologen über die Papstrechte? Habe ich einen Patriarchen Photius und Theophylakt etwa in Schutz genommen? Wirklich ist mir in Bezug auf ersteren von dem Recensenten im Münchener Pastoralblatt dieses vorgeworfen worden, und zwar als „Verstoß gegen die Principien einer wissenschaftlichen Kritik." „Die Briefe des Photius an Papst Nicolaus, sagt der Recensent, nimmt der Verfasser als voll der Pietät an, während es doch gewiß ist, daß Photius einer der größten Heuchler, Lügner und ein durchaus unsittlicher Mensch war, der kein Mittel scheute, seinen Ehrgeiz zu befriedigen." Die zwei von mir ihrem Inhalte nach mitgetheilten Briefe des Photius fallen in eine Zeit, wo derselbe mit dem Papste noch nicht gebrochen hatte, in die Jahre 859 und 861, wo ihm vielmehr an der Anerkennung von Seite des Papstes Alles gelegen war. Hätte doch der Herr Recensent nur ein einziges Blatt umgewendet, so hätte er wörtlich gelesen: „Derselbe Photius, welcher im Jahre 859 sich offen zu dem Glauben der Römischen Kirche bekannt hatte, der nämliche Photius, welcher noch im Jahre 861 alle den Glauben nicht beeinträchtigenden Gebräuche für frei erklärt hatte, machte sechs Jahre später aus allen unwesentlichen Abweichungen die heftigsten Angriffe gegen die römische Kirche"[1]). Und hätte der Herr Recensent erst gar mehre Blätter voraus angesehen, so würde er S. 102 abermals wörtlich gelesen haben: „Die Griechische Kirche verdankt es dem Photius, in dem Papste den Träger der kirchlichen Freiheit direkt angegriffen und sie um ihre Unabhängigkeit vollends gebracht zu haben. So lange die Griechische Kirche das Andenken des Photius als ersten Befreiers vom Joche des Papstthums hochhält, ist noch nicht auch nur der erste Schritt zur Selbsterkenntniß gethan." Hergenröther wirft mir gleichfalls vor, ich lobte den Patriarchen Alexius, obwohl ich selbst erzähle, daß er um 50 Pfund

---

1) Bd. I, 185.

Gold sofort nach vollbrachtem Gattenmord die Kaiserin Zoe mit ihrem Buhlen traute¹). Ich habe aber ausdrücklich bemerkt²), daß Alexius von dem geschehenen Gattenmord durchaus nichts wußte, daß die Kaiserin ihm den Tod Romans mittheilte und die augenblickliche Trauung mit Michael IV. verlangte, der allerdings gleich nachher, als es aber zu spät war, den Thatbestand erfuhr. Ob nur Habsucht die Ursache war, daß er ein bedeutendes Vermögen hinterließ, weiß ich nicht. Ebenso unbegründet ist die Behauptung, daß ich die Tugenden des Cärularius „bewundere." Ich habe dessen leidenschaftlichen Charakter und dessen Anmaßung gegen den Kaiser ausdrücklich erwähnt. Bezüglich der traurigen Lage des päpstlichen Stuhles in der Zeit von Photius bis Cärularius brauche ich nur an die Darstellung des Baronius zu erinnern, welcher die von mir als nichtswürdig bezeichneten Päpste „monstrua immania" genannt hat. Und der berühmte Bischof Arnulf von Orleans sprach auf der Synode zu Rheims im Jahre 991 seinen Schmerz hierüber in den Worten aus: „O bejammernswerthes Rom, das unsern Ahnen die herrlichen Lichter der Väter gegeben, unsrer Zeit hast du schreckbare Ungeheuer, die noch die Zukunft mit Entsetzen erfüllen werden, ausgespieen"³). „Rom ist daran, von sich selbst abzufallen, und weiß weder sich noch Andern Rath"⁴). Und ebenso klagt der berühmte Gerbert: „Das einzige Heil der Menschen, o Christus, bist du! Rom selbst, das bisher als die Mutter aller Kirchen galt, mißbraucht die von dir ihm gegebene Binde- und Lösegewalt, flucht den Guten und segnet die Uebelthäter"⁵).

Dem Grundsatz der Versöhnlichkeit bin ich namentlich in meiner Darstellung des Primates den Orientalen gegenüber gefolgt. Ich nahm mir hier vor Allem solche Controversschriftsteller zum Muster, von denen ich wußte, daß sie auch etwas ausgerichtet haben. Hat Bellarmin oder Bossuet mehr Protestanten bekehrt? Und wenn ich an die heutigen Protestanten die Frage stellte: Wollt ihr lieber mit Döllinger oder mit Perrone verhandeln? ich glaube, die Antwort könnte nicht zweifelhaft sein. Mit allem Rechte hat der Cardinal Gerdil gesagt: der Primat habe für die getrennten Brüder sicher nichts Anstößiges, wenn er mit gehöriger Mäßigung dargestellt werde⁶). Und so hielt ich mich besonders an Bossuet, dessen

---

1) Chilianeum, S. 14. — 2) Bd. I, 219.
3) Ap. Pertz, V, 672, 16: O lugenda Roma, quae nostris majoribus clara patrum lumina protulisti, nostris temporibus monstrosas tenebras futuro saeculo famosas offudisti.
4) L. c. 676, 33. Roma jam pene sola a se ipsa discedit, dum neque sibi neque aliis consulit.
5) Mansi, XIX, 166, D. Obige und diese Stelle vollständig in Bd. I, 169, ff.
6) Gerdil, Opere. Roma 1808, XI, 63.

„Auseinandersetzung der Lehre der katholischen Kirche" Papst Innocenz XI. selbst als würdig erklärt hat, nicht nur von ihm empfohlen, sondern auch von Allen gelesen und hochgeschätzt zu werden [1]), die er als ein „herrliches Werk, welches der Kirche reichen Nutzen bringen werde" [2]), bezeichnet hat. Auf die nämliche Schrift Bossuets hatte sich daher schon die Sorbonne bei ihrem Unionsversuche mit der Russischen Kirche unter Peter dem Großen berufen. Es ist auch nicht wahr, was gewöhnlich behauptet wird, daß die von der Versammlung des Gallikanischen Clerus im Jahre 1682 aufgestellten Lehrmeinungen vom apostolischen Stuhle verworfen worden seien. Jene vier Sätze wurden nur, wie schon Bossuet selbst bemerkt hat, in dem Sinne verdammt, als es scheinen konnte, die Französische Kirche habe hiemit einen besonderen Glauben aufstellen und die anderen Meinungen verwerfen wollen [3]). Ganz mit den Worten des Jesuiten Piacewich kann ich sagen: „Ich gestehe aufrichtig, daß ich zwischen Scholastischem und Dogmatischem genau unterschieden habe, um keinem eigenmächtig das als Glaubenspflicht aufzulegen, wovon ich wußte, daß das Urtheil hierüber freistehe. Ich bemühte mich, die vorgefaßten Meinungen der Griechen so viel als möglich zu schonen und freundschaftlich mit der Wahrheit zu versöhnen. Denn obwohl nichts leichter ist, als das, was uns lästig ist, zu verdammen und zu verachten oder zu verdächtigen, so glaube ich doch, es sei dieß nur Sache jener, welche für neue Zwietracht Stoff suchen, statt der alten ein Ende machen zu wollen. Ohne alles Parteistreben, lediglich von der Wahrheit mich leiten lassend, habe ich mein Werk begonnen und vollendet" [4]). Von diesem Grundsatz hat Piacewich in seinem ganzen Werke auch Gebrauch gemacht und offen erklärt, er sei schon zufrieden, wenn er die Griechen auch nur zu Gallicanern mache. Auch der Jesuit Rozaven (st. 1854), den der Bischof Dupanloup für den vollendetsten Französischen Theologen seit Bossuet erklärt, hat den Russen gegenüber nur die Anschauung Bossuets von dem Papstthum geltend gemacht [5]). Von Manchen werden aber die Schlagwörter Gallicanismus, Febronianismus wie eine Vogelscheuche benützt, und sie sagen Einer zu dem Andern, wenn

---

1) In dem Breve an Bossuet vom 4. Januar 1679. In den Oeuvres de Bossuet ed. Versailles XVIII, 64: Itaque non solum a nobis commendari, sed ab omnibus legi atque in pretio haberi meretur.
2) In dem Breve an Bossuet vom 12. Juli 1679. Oeuvres XVIII, 68: Libenti animo confirmamus uberes laudes, quas tibi de praeclaro opere merito tribuimus et susceptas spes copiosi fructus exinde in ecclesiam profecturi.
3) S. Bd. II, 722.
4) Piacewich, Controversiae ecclesiae orientalis et occidentalis. Graecii 1752. „Ad lectorem." et p. 198, 199.
5) Bd. II, 731.

sie nur irgendwo ein Citat aus Bossuet finden: „Hic niger est, hunc tu Romane caveto." So z. B. behauptete ich, wie es erst seither wieder von Döllinger in seinem Vortrage über Karl den Großen in der Akademie der Wissenschaften geschehen ist, daß Papst Leo III. bei der Krönung Karls nur als Repräsentant des Römischen Volks gehandelt habe. Hergenröther macht mir dieß zum Vorwurfe und fügt in der Note bei: „ähnlich wie ich sage ja auch Bossuet in der defensio etc."[1]). Er bezeichnet das mir „als Ideal vorschwebende System als modifizirten Febronianismus"[2]), und damit, meint er wohl, werde ich recht gründlich compromittirt sein. Ausdrücklich bezeichnet er mich noch als „haeresi proximus," indem er sagt, die der Ansicht Bossuets entgegengesetzte Anschauung über die päpstliche Unfehlbarkeit sei gegenwärtig so allgemein angenommen, daß die Anhänger der andern Meinung „offenbar in größerer Gefahr stehen, das quod vere catholicum zu verlieren und mit den Protestanten und Jansenisten[3]) eine allgemeine Verfinsterung der ganzen Kirche durch das ganze Mittelalter anzunehmen, aus der nicht einmal das Licht des 19. Jahrhunderts sie hätte befreien können"[4]). Mir scheint diese Gefahr doch nicht so arg groß, wenn ich erwäge, daß gerade die ersten Historiker und Dogmatiker neuerer und neuester Zeit: Bossuet, Fenelon, Thomassin, Launoy, Dupin, Tournely, Natalis Alexander, Tillemont, Fleury, der Cardinal La Luzerne, der berühmte Erzbischof Kenrick von Baltimore in einem Papst Gregor XVI. gewidmeten Werke, und von den Deutschen Theologen dieses Jahrhunderts ein Möhler, Drey, Staudenmaier, Dieringer, Kuhn, Hefele, Döllinger, Werner[5]), welche wohl am besten wissen dürften, quod vere catholicum, nicht der Ansicht Hergenröthers sind. Wahr ist es, daß im Mittelalter seine Meinung die allgemeinere war, keineswegs aber die ganz allgemeine, und Hergenröther hat die Aeußerung Benedicts XIV. hierüber ganz entstellt, wenn er sagt, dieser Papst habe die päpstliche Unfehlbarkeit als „ubique recepta" erklärt. Der Papst sagt, sie sei „extra Galliam ubique recepta," und dieß wollte damals sehr viel sagen, da, wie Döllinger bemerkt, „vom Beginne des 17. bis zur Mitte des 18. Jahrhunderts die Französische Nation das Scepter der theologischen Wissenschaft in der katholischen Welt geführt hat"[6]), und dieß wahrlich nicht wegen Vertheidigung jener Theorie. Ich meine vor Allem hier muß man die Theologen

---

1) S. 20 — 2) S. 59.

3) Von meinem Eingangs erwähnten Kritiker wird auch wirklich Döllinger wegen seiner Ansicht über die Bedingungen einer päpstlichen Entscheidung ex cathedra als noch **unter** den Jansenisten stehend erklärt. S. 13.

4) S. 69. — 5) Alle betreffenden Stellen Bd. II, 710 ff., 743 ff.

6) Döllinger, Rede über die Vergangenheit und Gegenwart der katholischen Theologie. Regensburg 1863. S. 14.

nicht bloß zählen, sondern wägen; denn es ist zu bekannt, welchen Einfluß im Mittelalter ganze Schulen hatten, wo die unbedeutendsten Leute über den Primat schrieben, und nur die Ansicht irgend eines berühmten Meisters, wie des Cardinal Torquemada, Cajetan, Bellarmin wiederholten, ohne alle eigene Studien hierüber. Wenn übrigens die Mittel, deren man sich bedient, und die Kampfweise einen Schluß gestatten auf die vertretene Sache, so kann es keinem Zweifel unterliegen, daß jene Ansicht, welche die persönliche Unfehlbarkeit des Papstes nicht annimmt, entschieden günstiger beurtheilt werden muß, als die andere. Ich habe diese Controverse so ziemlich durchgearbeitet, und es ist mir, so weit ich mich erinnere, nie begegnet, daß die Vertheidiger ersterer Meinung die Andern als Häretiker bezeichnet hätten, was unzählige Mal von diesen geschehen ist; noch weniger habe ich die Beobachtung gemacht, daß ein wenn auch noch so exorbitanter Vertheidiger letzterer Ansicht je auf den Römischen Index gekommen wäre, was ersteren sehr häufig widerfahren ist. Welch abscheuliche Vorwürfe haben sich nicht Bossuet und jüngst wieder Döllinger wegen ihrer Ansicht über die Papstgewalt von den Anhängern der andern Meinung gefallen lassen müssen! Diese Kampfweise scheint doch ein schwaches Vertrauen zu verrathen auf die Sache selbst, die man vertritt. Hat doch erst jüngst die Römische Civiltà Cattolica Döllinger als den „povero," den „buono professore tedesco" bezeichnet. Wenn eine Instruction Clemens' VIII. für die Büchercensoren alles Lob der Ketzer verbietet, so wird wohl hiemit zugleich gesagt sein, daß es noch weit sträflicher sei, katholische Gelehrte von allgemein bekanntem Verdienst niedrig zu beschimpfen.

Ich liebe meine Kirche, und bin für jede ihrer Lehren und Institutionen, vor Allem für das Bekenntniß der göttlichen Institution des Papstthums, mit der Gnade Gottes zu sterben bereit; ich schätze mich glücklich, zu dessen Vertheidigung irgend etwas beitragen zu können. Wenn ich aber bedenke, daß die größten Kirchenväter, wie der heilige Augustin, zu einer Zeit, wo das kirchliche Bewußtsein sich erst bildete, sich die freieste wissenschaftliche Bewegung gestatteten, so sehe ich nicht ein, warum dieses jetzt nicht mehr zulässig sein soll, nachdem das Bewußtsein über den Primat längst befestigt ist. Meine Polemik betraf nirgends die Lehre, sondern überall nur Schulmeinungen, von denen der gelehrte Papst Benedict XIV. den Büchercensoren einschärfte, sie sollten dieselben gewähren lassen, wie er selbst es thue, wenn sie auch für sich einer andern Theorie anhiengen [1]). Und hiemit ganz übereinstimmend meint Döllinger: „Ein bloß theologischer,

---

1) Im Schreiben an den Spanischen Großinquisitor vom 31. Juli 1748. Die ganze Stelle in Bd. II, 721.

dem Gebiete der wissenschaftlichen Erörterung angehöriger Irrthum, soll auch mit rein wissenschaftlichen Waffen und nur mit solchen bekämpft werden" ¹). Ich erlaube mir, beiden Parteien bezüglich der Anschauung über die päpstliche Unfehlbarkeit Bossuets schöne Worte in Erinnerung zu rufen: „Laßt uns nur wetteifern, welche von beiden mit stärkeren, richtigeren und lichtvolleren Beweisen die Autorität und Majestät des Primates und des apostolischen Stuhles zu vertheidigen vermögen" ²)!

Auf der erwähnten Confundirung zwischen dem Papstthum und der kirchlichen Autorität und einzelnen Päpsten oder andern Gliedern der lateinischen Kirche beruht vor Allem der Vorwurf Hergenröthers, ich hätte „die Römische Kirche" beschuldigt, oft genug den Ritus der Orientalen angegriffen zu haben ³). Darauf muß ich sagen: Wenn Hergenröther unter Römischer Kirche das Papstthum oder überhaupt die Autorität und deren Ausspruch versteht, und so meint er es offenbar, dann ist diese Beschuldigung gänzlich falsch ⁴); versteht er aber darunter einzelne Päpste, Missionäre, also überhaupt die Lateiner, dann weiß ich nicht, wie ich einer Unwahrheit angeklagt werden kann. Ich selbst habe bloß behauptet, daß von Seite des Occidents der Griechische Ritus allerdings oft genug Angriffe erfahren habe ⁵). Nicht bloß einzelne Theologen sind in ihren bezüglichen Forderungen unläugbar zu weit gegangen, sondern es wurden mitunter andauernde Latinisirungsversuche gemacht. Ich bin nicht der Erste, der dieses tadelt; die ausgezeichnetsten Archäologen und Liturgiker, wie Renaudot, Mabillon, der Cardinal Bona, der berühmte Bibliothekar der Vatikanischen Bibliothek Lukas Holstenius, Richard Simon, und mehre Päpste selbst, wie Benedict XIV., haben dieses mit aller Schärfe gerügt. So sagt Renaudot in Bezug auf die Kreuzfahrer: „Die Franken nahmen nicht bloß Anstoß an den Häresien der Orientalen, sondern sie nahmen eben so großes Aergerniß an den alten von den unsrigen verschiedenen Riten derselben, welche doch nie eine Veranlassung zur Trennung gegeben hatten; ja die Occidentalen eiferten sich gegen jene unschuldigen Riten noch weit mehr, als gegen wirkliche unverzeihliche Fehler. Da sie keine andere Sitte, als ihre lateinische kannten, so erregten die orientalischen Gebräuche in ihnen Verdacht, und dieß um so leichter, je größer ihre Unwissenheit war" ⁶). Mabillon verbreitet sich weitläufig hierüber und begründet die Noth-

---

1) Döllinger, Rede. S. 35.
2) Bossuet, Gallia orthodoxa, § 97 fine: Certemus tantum, utri validioribus, purioribus, lucidioribus argumentis romani pontificis primatus ac sedis apostolicae auctoritatem majestatemque vindicent.
3) Chilianeum, S. 99. — 4) S. besonders Bd. II, 80. — 5) Bd. I, 5.
6) Renaudot, Historia Patr. Alex. p. 549.

wendigkeit, die Verschiedenheit der Riten bestehen zu lassen. „Vor dem
Angriffe auf dieselben, sagt er, sollen sich vor Allem jene hüten, denen die
Anordnung der Ceremonien obliegt, von denen aber Einige nie ruhen, bis
sie Alle, auch gegen deren Willen, zu ihren eigenen Riten herübergezogen
haben" [1]). Der Cardinal Bona erklärt die Angriffe der Lateiner auf den
orientalischen Ritus geradezu als Trennungsursache. So sagt er in Be=
zug auf die Griechische Firmung: „Es ist ein uralter Gebrauch bei den
Griechen, daß der Taufende auch firmt, sei er Bischof oder Priester, und
man lies't nicht, daß dieser Gebrauch von den Concilien jemals getadelt
worden wäre. Zur Zeit Nicolaus I., wo die Gewohnheit der Römischen
Kirche im ganzen Occident herrschte, hatte man die alte Sitte vergessen,
und die Griechische Firmung galt den Lateinern, weil von der ihrigen ver=
schieden, auch für unerlaubt [2]). Daher jener Zwiespalt; diejenigen handeln
aber sehr ungeschickt, welche verlangen, daß die ersteren Jahrhunderte der
Kirche der späteren Sitte der Römischen Kirche sich unterwerfen sollen.
Diejenigen, fährt er fort, handeln nicht im Geiste der christlichen Liebe,
welche die ältesten Gewohnheiten der Kirche nur nach der heutigen Sitte
beurtheilen und Alles, was von dieser abweicht, mit dem bittersten Tadel
bekämpfen; die, des kirchlichen Alterthums unkundig, nur nach den Mei=
nungen der Scholastiker über die wichtigsten Dinge den Stab zu brechen,
die alten heiligen Väter Irrthümer und Verbrechen anzuklagen wagen und
jene Zwietracht nähren, welche seit so vielen Jahrhunderten die beweinens=
werthe Trennung der orientalischen von der occidentalischen Kirche unterhalten
hat" [3]). Und geradeso sagt Lukas Holstenius und mit ihm Richard
Simon: „Das beklagenswerthe Schisma, das seit so langer Zeit die
Kirchen des Orients und Occidents trennt, muß besonders denen Schuld
gegeben werden, die durch eine verkehrte Streitsucht alle Dinge in Frage
gestellt haben, ohne irgend eine Liebe für ihre Brüder zu haben. Sie be=
kümmern sich nicht um die Wahrheit, sie wollen nur siegen und ihre eige=
nen Gewohnheiten und Meinungen Andern als Gesetze vorschreiben" [4]).
Hat denn nicht Papst Benedict XIV. selbst Klage geführt gegen jene latei=

---

1) Mabillon, Musaeum Italicum. Paris 1689, II. Commentarius, p. 141: et hoc quidem primum cavendum est in illis, qui caeremoniarum magistratum gerunt, quorum nonnulli nunquam quiescunt, nisi omnes ad suos ritus vel invitos pertraxerint.

2) Bona, Analecta liturgico-sacra, p. 363, 18. Dieß ist die wahre Ursache der Wiederfirmung der Griechen durch die lateinischen Geistlichen in Bulgarien, und nicht bloß, wie Hergenröther will, der Umstand, daß Bulgarien zum Römischen Patriarchat gerechnet wurde. Chilianeum S. 104.

3) L. c. p. 361.

4) Ap. Richard Simon, Voyage du Mont Liban. Paris 1685, p. 206.

nischen Theologen, welche, der alten orientalischen Riten gänzlich unkundig, Alles verwarfen, was dem ihnen allein bekannten lateinischen Ritus widersprach¹)? In der Vorhersagung der heiligen Brigitta (st. 1373), wo es hieß: „Die Griechen sollen wissen, daß ihr Reich und ihre Länder niemals sicher, sondern stets ihren Feinden unterworfen sein werden, bis sie in wahrer Demuth und Aufrichtigkeit der Römischen Kirche und den Constitutionen und Riten derselben sich gänzlich conformiren"²), dürfte sich wohl die ganze damalige Volksanschauung des lateinischen Occidents über diesen Punkt erkennen lassen. War es kein Angriff auf den Griechischen Ritus, wenn sogar die Griechische Taufe für ungültig erklärt wurde, wegen der deprecativen dort jetzt noch üblichen Taufformel, so daß Papst Alexander VI. durch eine eigene Bulle vom 22. Juni 1501 sie für gültig erklären mußte³)? Hat nicht Innocenz III. selbst die Firmung durch einfache Priester für ungültig erklärt und sie als bloßes äußeres Blendwerk ohne Wirkung bezeichnet⁴)? War es eine Anerkennung der Gleichberechtigung⁵) des Griechischen Ritus, wenn der nämliche Papst den Kreuzrittern den Bescheid gab: die Griechen sollten ihren Ritus beibehalten können, wenn sie nicht davon abzubringen seien⁶); oder wenn Innocenz IV. den Griechischen Ritus ausausdrücklich als „seelengefährlich" erklärte⁷); oder wenn Paul II. im Jahre 1469 den Maroniten den Wunsch aussprach, immer mehr den Riten der Römischen Kirche sich zu conformiren? Richtig ist allerdings, daß namentlich seit der Union der Ruthenen im Jahr 1595 eine tolerantere Anschauung über den orientalischen Ritus im Occident Eingang fand, die namentlich von Paul V. ausgesprochen wurde. Der nämliche Papst gab aber auch zu verstehen, daß nicht alle seine Vorfahrer im gleichen Sinne sich ausgesprochen hätten. Dieß sagt offenbar die der betreffenden Bulle angefügte deragatorische Clausel. Ich weiß es recht gut, daß diese Formel auch schon in sehr vielen früheren, wenn auch nicht, wie Hergenröther sagt, „in fast allen" päpstlichen Bullen vorkömmt. Da sie aber auch dieser beigefügt ist, obwohl ohne Verschärfung, so muß sie entweder völlig überflüssig und ein bloßer Schnörkel sein — dann weiß ich aber nicht, warum dieser nicht bei jeder Bulle steht — oder wenn sie einen Sinn haben soll, so kann sie nur den von mir angegebenen haben: daß der Papst in dem

---

1) Bullarium Benedicti XIV. L. IV. n. 47. p. 294. S. Bd. I, 528.
2) Revelationes Brigittae, ed. Monach. 1680. l. 7. c. 19. S. Bd. I, 389.
3) Bd. II, 61.
4) L. II, 212. Migne I, 772. C.: cum umbra quaedam ostendatur in opere, veritas autem non subeat in effectu. S. Bd. I, 300.
5) Nur in diesem Sinne habe ich auch in II. Bde. S. 265, Note 4, das Wort „Benachtheiligung" gemeint.
6) Bd. I, 317. — 7) Bd. II, 30.

Bewußtsein sie beigefügt habe, es seien auch entgegengesetzte Bestimmungen in diesem Betreffe vorhanden. Und Hergenröther hätte also deßhalb nicht Ursache gehabt zu sagen: „Ich habe das non plus ultra der Interpretationskunst erreicht, und man sollte glauben, ich hätte noch nie eine päpstliche Bulle gelesen" [1]. Ganz grundlos ist auch der Vorwurf, ich hätte die Worte Benedikts XIV. offenbar falsch gedeutet. Man sehe nur die Stelle in meinem Buche [2] gehörig an und man wird finden, daß sie ganz recht gedeutet ist. Benedikt XIV. spricht hier von dem Koptischen Ritus in Bezug auf die Firmung, den er als zwar von dem apostolischen Stuhle nicht ausdrücklich verboten, aber doch nur tolerirt erklärt. Dieß und nicht mehr und nicht weniger habe auch ich gesagt; denn auch ich spreche hier nur von der Firmung.

Ich habe von andauernden Latinisirungsbestrebungen geredet. Dafür brauche ich nur an Litthauen zu erinnern, wo der Griechische und der Lateinische Ritus als „Bauern= und Herrenreligion" unterschieden wurden. Fünfhundert Jahre (seit der Polnischen Eroberung 1340) dauert bereits das Latinisirungsbestreben bei den Ruthenen fort, nichts hat nach ihrer eigenen Versicherung deren Russifizirung mehr erleichtert, und wenn die unirte Kirche, wie Gagarin mit Recht befürchtet, zu Grunde geht, so trägt dieses unkluge Bestreben, dem, wie es mir wenigstens scheint, auch die Päpste nicht immer nachdrücklich genug widerstanden haben, eine Hauptschuld daran. Wer sich von dieser Sache gründlich und actenmäßig überzeugen will, den verweise ich auf das große Werk: Annales ecclesiae Ruthenae, auctore M. Harasiewicz, Leopoli 1862 [3]. Hergenröther freilich schreibt das Latinisirungsbestreben bei den Ruthenen einfach „den Polnischen Königen" zu; aber ebenso großen Antheil daran hatte die lateinische Geistlichkeit. Ein einziges Mal habe ich in meinem zweiten Bande nach Erwähnung eines Schreibens Gregors IX., wodurch die Russischen Schismatiker geradezu als ewig Verdammte, die Ehen von Lateinern mit ihnen als Verbindungen der Glieder Christi mit denen des verworfenen Satans, als Vermischung von Pech und Balsam erklärt wurden, die Bemerkung nicht unterdrücken können: „hier dränge sich doch die Frage auf, ob nicht auch die Römischen Bischöfe und die Römische Kirche zur Erweiterung der Kluft zwischen der Lateinischen und der Russischen Kirche das

---

[1] Von Hergenröther unterstrichen! S. 107.
[2] Bd. I, 529.
[3] Mir selbst kam dieses Werk zu spät zu, um es für den betreffenden Abschnitt meines Werkes noch benützen zu können. Ich werde aber allernächstens eine eigene Abhandlung über die unirten Griechen vor Allem mit Benützung dieses in Deutschland noch so gut wie unbekannten Werkes liefern.

Ihrige beigetragen hätten"¹)? und ich glaube, sie ist gehörig begründet. Habe ich aber sonst nicht ausdrücklich den apostolischen Stuhl von den politischen Unionstendenzen z. B. des Polenkönigs Sigmund unterschieden²)? Zum Beweise, daß nicht bloß bei Griechen und Russen, sondern auch bei den andern Zweigen der orientalischen Kirche von katholischen Missionären solche Angriffe auf den Ritus und auf freie Ansichten geschehen sind, brauche ich mich ja bloß auf den Orden der Unitoren unter den Armeniern zu berufen³). Der von Innocenz XII. im Jahre 1699 an die Persischen Armenier abgeschickte Legat verlangte von denselben ausdrücklich, sie sollten in ihr Glaubensbekenntniß den Satz aufnehmen: „Wir glauben, daß die Seelen unmittelbar vor ihrer Vereinigung mit den Körpern erschaffen werden"⁴). Hieß das nicht eine reine Schulmeinung zum Dogma machen? Die Maroniten mußten auf dem berühmten Concil vom Jahre 1736 beschwören, daß in der heiligen Messe die Verwandlung durch das Aussprechen der Consecrationsworte geschehe und die Ansicht der Griechischen Kirche hierüber ausdrücklich verfluchen. „Wir verfluchen und verdammen, hieß es in der ihnen vorgeschriebenen Formel, Alle Diejenigen, welche behaupten, es geschehe die Consecration durch die Anrufung des heiligen Geistes oder es werde durch diese die Consecration erst vollendet." Bekanntlich ist auch hierüber nichts dogmatisch festgestellt, und sehr achtbare katholische Theologen theilen selbst die Ansicht der Griechen⁵). Sind nicht die Jesuiten wegen ihrer Angriffe auf den Aethiopischen Ritus, als welche der Kaiser selbst dem lateinischen Patriarchen die Entziehung des Kelches, die Verlegung des Wochenfasttages vom Dienstag auf den Freitag, den Anfang der Quadragesimalfasten erst zehn Tage später, die Dispens von Lacticinien und Wassertrinken an Fasttagen, die Veränderung des Kalenders, die Wiederholung der Taufe und der Ordination an den Abessiniern und deren Geistlichen anführte, von demselben im Jahre 1633 aus seinem Reiche verbannt worden⁶)? Was überhaupt nicht selten das Benehmen der lateinischen Missionäre betrifft, so mag es genügen, die Klage Pius VI. hierüber anzuführen: „Möchte doch Gott, ruft er aus, in den Missionären, namentlich in den lateinischen, den Geist der christlichen Demuth vermehren, damit sie einsehen lernten, es widerspreche der brüderlichen Liebe und komme nicht von Gott, wenn sie unter sich und unter den Völkern verschiedener Riten die vom Apostel an den Korinthiern getadelte Selbstsucht nähren. Stets habe der apostolische Stuhl den orientalischen Ritus hochgeachtet; derselbe müsse aber verletzt werden, wenn die Orientalen nicht ihren eigenen, sondern lateinischen Hirten untergeben würden. Mit welchem Rechte

---
1) Bd. II, 27. — 2) S. Bd. II, 67. — 3) Bd. II, 454 f.
4) S. Bd. II, 473. — 5) S. Bd. II, 550 — 6) S. Bd. II, 523.

und Nutzen, sagt er weiter, könnte man so viele durch Gewohnheiten, Gebräuche und Sprache von uns getrennte Völker unter lateinische Hirten stellen, wenn sie ihre eigenen haben können und dabei im Glauben und in der Liebe mit uns verbunden bleiben? Die Orientalen haben von Natur aus die größte Anhänglichkeit an ihre Sitten und Eigenthümlichkeiten, und zur Erzeugung des orientalischen Schismas hat nichts mehr beigetragen, als der von boshaften Verläumdern gegen die Lateiner erregte Haß" [1]). Daß dieß nicht bloße Verläumdung war, und daß man in früherer Zeit, namentlich in den Kreuzzügen, gerade bezüglich des von Pius VI. hervorgehobenen Punktes über die Besetzung Griechischer Bisthümer durch Lateiner vielfach anders dachte, ist genügend bekannt. „In allen Ländern, sagt der berühmte Jesuit Gagarin, wo die beiden Ritus neben einander sind, gibt es eine Anzahl lateinischer Katholiken, denen der Griechische Ritus ein instinctmäßiges Mißtrauen einflößt. Sie bilden sich ein, man könne nicht wahrhaft und vollständig bekehrt sein, ehe man nicht auch den lateinischen Ritus angenommen habe, und betrachten daher die Union nur als ein Provisorium. Diese Anschauung, sagt Gagarin, müssen Alle Diejenigen aufs Lebhafteste bedauern, denen an der Union wirklich etwas gelegen ist; denn sie dient nur zur Zerstörung derselben" [2]). So verhält es sich also mit jenen „auffallendsten Irrthümern," welche nach der Versicherung des Münchener Pastoralblattes Hergenröther mir in diesem Punkte nachgewiesen hat, und worauf er selbst sich das Allermeiste zu Gute thut [3]).

Nun muß ich noch einige andere specielle Beschuldigungen beleuchten. Schon mit dem Titel meines Werkes ist der Herr Recensent nicht einverstanden, denn zu einer Geschichte der kirchlichen Trennung, meint er, gehöre viel mehr, als ich zu bieten im Stande bin; übrigens ist ihm, Gott sei Dank, doch auch Das schon willkommen. Ich habe nur zu bemerken, daß ein anderer sehr verehrter Herr Recensent [4]) mit dem Titel meines Werkes ganz einverstanden ist, und ihn für viel passender hält, als den anfangs beabsichtigten: „Das Papstthum und die orientalischen Kirchen." Der Umstand, daß letzterer Herr Recensent Protestant ist, dürfte doch wohl seine Competenz in dieser Frage des Titels nicht beeinträchtigen.

Daß der Patriarch Nicolaus Mysticus das Verbot der vierten Ehe als ein durch das Jus divinum bestehendes angesehen und dem Römischen Stuhl dargestellt habe, ist eine nicht gehörig erwiesene Behauptung [5]).

---

1) Ap. Serpos II, 295, 304, 306. S. Bd. II, 479 f.
2) Gagarin, L'avenir de l'église grecque-unie. In den Etudes 1862 p. 195.
3) Im Archiv für Kirchenrecht von Moy 1864, 6. Heft S. 471.
4) Neue Evangelische Kirchenzeitung von Meßner. Berlin 1864. Nro. 48, vom 26. November.
5) Chilianeum, S. 12.

Wäre es aber auch so gewesen, dann hätte dieser Irrthum berichtigt, die lobenswerthe Praxis der Griechischen Kirche aber, für welche der wackere Patriarch dem lüsternen Kaiser gegenüber männlich stritt, geschützt werden sollen. Daß ich mit Anführung dieses Falles mich nicht des „Generalisirens," wie das Münchener Pastoralblatt mir vorwirft, schuldig gemacht, hätte dieser Kritiker ohne Schwierigkeit sehen können, wenn er nur einige Blätter vorwärts und überhaupt mein Buch selbst mehr angesehen hätte.

Von Seite 16 an versichert Hergenröther, er wolle „einige der wichtigsten Punkte besprechen, in denen sein Urtheil von dem meinigen bedeutend abweiche." Er beginnt mit der Frage: „Wer hat zuerst den Streit provocirt, zuerst den Frieden gebrochen? Wer hat dem andern Theil zuerst gerechten Grund zur Klage gegeben? Die Antwort lautet: Nach allen Griechischen und lateinischen Quellen müssen wir hier antworten: Die Griechen; unumstößlich sprechen die Thatsachen." Jeder muß hiebei auf den Gedanken kommen, daß ich das Gegentheil gesagt habe. Dieß ist aber ganz und gar nicht der Fall. Ich wage nach meiner tiefsten Ueberzeugung allerdings nicht ohne Weiters wie er zu sagen: die Griechen hätten den Streit provocirt; ebenso wenig habe ich aber einseitig von den Lateinern dieß behauptet. Wir stehen hier vor einem jener großen weltgeschichtlichen Ereignisse, wo es stets unendlich schwer, ja nicht selten ganz unmöglich ist, mit mathematischer und logischer Bestimmtheit zu sagen: Der hat zuerst gefehlt. Ich habe es daher vorgezogen, statt dieser undankbaren, und wenn denn doch einmal zugegeben wird, wie der Herr Recensent wenigstens Eingangs es selbst thut, daß beide Theile gefehlt haben, bedeutungslosen Untersuchung, auf andere Punkte und besonders auf den verschiedenen Nationalcharacter ein Hauptaugenmerk zu richten. In der nämlichen zweideutigen Weise sagt der Herr Recensent anderswo: „Ein ungerechter Vorwurf ist es nicht, wenn wir die Griechen als Schismatiker bezeichnen [1]), es ist nicht möglich, die orientalische und occidentalische Kirche, insofern sie auch im Dogma getrennt sind, als ganz gleichstehend zu betrachten [2]), das Dekret von Florenz kann und wird die Römische Kirche nie aufheben, es muß die Basis aller folgenden Unionsversuche sein" [3]). Auch ich habe aber nirgends das Gegentheil behauptet, wie jeder Leser dieser Kritik meinen muß.

Ich habe gesagt, daß die Verlegung des Kaiserthums durch den Papst und die von den Römern geschehene Erdichtung der Constantinischen Schenkung als „die tiefste Wurzel der Feindseligkeit beider Kirchen" zu betrachten seien, und fügte dann bei: „Da die ganze Entwickelung des Verhältnisses zwischen Kaiserthum und Papstthum im Mittelalter auf diesen zweien, die Griechen so tief verletzenden, Punkten basirt ist, so könnte man in die-

---

1) Chilianeum, S. 111. — 2) S. 108. — 3) S. 98.

sem Sinne diese ganze Entwickelung ein fortgesetztes Unrecht gegen die Griechische Kirche oder gegen das Griechische Reich nennen"¹). Daß aber ein solches Urtheil nicht gerecht wäre, zeige ich unmittelbar darauf gleich im folgenden Paragraph. Wie referirt nun Hergenröther? Er sagt: In der von Leo III. vorgenommenen Kaiserkrönung lag nach mir „ein furchtbares Unrecht und die tiefste Wurzel der Feindseligkeit"²). Auch auf diesen ungerechten Vorwurf machte ich den Herrn Recensenten in meinem erwähnten Briefe aufmerksam. Derselbe that auch in einer späteren Note davon Erwähnung, ohne aber meinen Namen zu nennen; bemerkte jedoch, er könne sich von seinem Unrecht nicht überzeugen, „da ich ja ausdrücklich deßhalb die ganze Entwickelung des Verhältnisses zwischen Kaiserthum und Papstthum im Mittelalter als ein fortgesetztes Unrecht gegen die Griechische Kirche bezeichne, weil sie auf den zwei, die Griechen so sehr verletzenden Punkten, beruhe"³). Jeder weitere Verständigungsversuch wäre da natürlich vergeblich, und ich füge nur noch bei, daß der Recensent im Münchener Pastoralblatt ohne Weiteres Hergenröther nachgeschrieben und mir als „auffallende Parteilichkeit" nachgesagt hat, ich hätte „das durch Mitwirken der Päpste entstandene Römische Kaiserthum wiederholt ein fortgesetztes Unrecht gegen die Griechen genannt."

Hergenröther macht es mir überhaupt zum Vorwurf, daß ich mich „auf die von Döllinger vorgetragene Hypothese, die Schenkung Constantins sei von den Römern erdichtet worden" gestützt habe. Er hält dieses für sehr unwahrscheinlich und verweist mich auf die Widerlegung Döllingers in der Civiltà Cattolica. Diese Entgegnung kenne ich sehr wohl; sie scheint mir aber Döllingers Gründe nicht entkräftet zu haben. Ganz hämisch sagt Hergenröther weiter: „Die kostbare Urkunde, um die es sich hier handelt, erscheint als ein herrliches Paradepferd, das, von einem erfahrenen und gewandten Reiter geritten, in der imposantesten Positur die großartigsten Bewegungen und Sprünge machen kann, und für sich allein die Kunststücke ausführen zu können scheint, für die man ehedem das ganze Heer sämmtlicher pseudo-isidorischer Decretalen in Anspruch genommen hat"⁴).

Von Seite 237 §. 15 bis Seite 242 §. 20 habe ich die Anschauungen des lateinischen Mittelalters vom Beginne des 13. bis zum 16. Jahrhunderte über die Trennung beider Schwerter dargestellt, und darauf die entgegengesetzte Anschauung der streng päpstlichen Theologen folgen lassen, wo ich mit vier Theologen aus dem 14. Jahrhundert den Anfang mache, während ich die Reihe der ersteren mit Laurentius Valla, als des schärfsten

---

1) Bd. I, 220, 221. — 2) Chilianeum, S. 19.
3) S. 117. — 4) S. 65.

Bekämpfers der Constantinischen Schenkung, geschlossen habe. Diesen Umstand benützt nun Hergenröther zu dem Vorwurfe einer groben Oberflächlichkeit und Unwissenheit und zu einem satyrischen Ausfall gegen mich, indem er behauptet, ich hätte es getadelt, daß diese vier Theologen von der Forschung des Valla, der doch 100 Jahre später gelebt, nichts profitirt hätten. Ich habe gleich darauf (S. 245 f.) mehre andere Theologen angeführt und auch die von Döllinger citirten nicht ausgelassen, wie abermals Hergenröther mir mit Unrecht vorwirft, die alle von der Forschung Valla's recht gut hätten profitiren können.

Der verehrte Herr Recensent nimmt den Cardinal Humbert in Schutz gegen einen von mir ausgesprochenen Tadel wegen seiner Behandlung des würdigen Abtes Nicetas Pectoratus von Studium [1]), und entschuldigt ihn mit seiner „natürlichen Derbheit." In der Note fügt er bei: „Es ist merkwürdig, daß es noch Historiker gibt, welche die Derbheit an dem Reformator des 16. Jahrhunderts sehr gut zu beschönigen wissen, aber die weit geringere (!) an dem Cardinal des 11. Jahrhunderts unentschuldbar finden" [2]). Ich begreife gar nicht, was der Herr Recensent mit dieser Bemerkung will, da ich weder in dieser, noch in einer meiner früheren Schriften je Anlaß hatte, über die Derbheit des Reformators des 16. Jahrhunderts ein Urtheil zu fällen. Uebrigens ist es nicht richtig, daß es im 11. Jahrhundert mehr Sitte war, so gemein zu schimpfen, als im 16. Jahrhundert, und wenn daher Humbert entschuldbarer sein soll, als Luther, so müßte nur dieß die Ursache sein, daß letzterer ein Mönch und ersterer ein Cardinal war! Ich möchte nur wissen, ob Herr Professor Hergenröther selbst zufrieden wäre, wenn Einer, der ihn ohne allen Grund einen „Esel, Hurer, Erzketzer, Landstreicher, Elenden, Teufel," wie Humbert es that [3]), schimpfen würde, mit seiner „natürlichen Derbheit" sich entschuldigen wollte? Freilich leben wir jetzt im 19. Jahrhundert; aber gewisse Herren Recensenten wenigstens haben, wie mir scheint, in der Höflichkeit auch seither noch keine Fortschritte gemacht. Wenn man aber wirklich damals allgemein so geschimpft hätte, so könnte mein Tadel doch am Allerwenigsten, wie es vom Recensenten im Münchener Pastoralblatt geschehen ist, als „auffallende Parteilichkeit" mir vorgeworfen werden. Die Sache bleibt indeß ganz dieselbe, mag es Sitte gewesen sein oder nicht, einen würdigen Abt ohne allen Grund so niedrig zu schmähen. Ich liebe es als Historiker, die Sache beim

---

1) **Humberti** Responsio sive Contradictio adv. Nicetae Pectorati libellum. Ap. Will p. 136.

2) S. 18.

3) Den Beinamen Pectoratus, sagte Humbert zu dem Abte, hast du mit Recht: quoniam cum serpente antiquo super pectus tuum graderis!

Namen zu nennen, und habe dieß auch in Bezug auf die Griechen ebenso beobachtet.

Und dafür muß ich mir den Vorwurf einer „unpriesterlichen, die katholische Pietät schmerzlich vermissen lassenden, das christliche Gemüth verletzenden, an die Frivolitäten des 18. Jahrhunderts nahe anstreifenden, an das Unedle und Burschikose gränzenden Sprache und eines Journalistenstiles" gefallen lassen. Welch weiches empfindsames Herz, welch zartes Gemüth, welch feinen Geruch und welch schwache Nerven haben doch manche Menschen, wenn sie an andern etwas Schlimmes finden wollen, dagegen welch steinernes Herz, welch rauhes Gemüth, welch abgestumpften Geruchssinn und welch kräftige Nerven, wenn sie selbst einen Gegner zu beurtheilen haben! Ich habe des von Zinkeisen und Charierre mitgetheilten Feldzugsplanes der Bettelmönche gegen die Türken im Jahre 1523 gedacht, welche dem Papste versicherten, sie wollten mit Leichtigkeit eine Armee von 500,000 Mann aufbringen [1]). Mit Rücksicht auf den damaligen schlimmen Zustand so vieler Klöster meinte ich mir die Bemerkung erlauben zu dürfen: Die damalige Welt hätte sich Glück wünschen dürfen, wenn sie auf einmal so viele Mönche und Nonnen los geworden wäre. Zugleich führte ich aber die Ansicht Luthers an, der, obwohl ebenfalls ein Bettelmönch, von einem solchen Plane gar nichts wissen wollte. Mit Bezug hierauf erklärt nun Hergenröther: „Eine solche Bemerkung ist nicht schicklich im Munde eines katholischen Theologen, von dem heutzutage ein katholisches Publikum wohl Anderes erwarten darf, als Erneuerung solcher veralteteter, an die Frivolitäten des 18. Jahrhunderts nahe anstreifender Tiraden. Wenn ein solcher Ton, fährt er fort, wenn eine solche Behandlung der Geschichte jetzt noch Platz zu greifen drohte, so müßten wir im Interesse der katholischen Wissenschaft den entschiedensten Protest dagegen zu erheben uns gedrungen fühlen"[2]). Wie empfindsam ist auf einmal der sonst mit Spott und Hohn so freigebige Kritiker geworden! Ich habe früher bemerkt, Herr Professor Hergenröther habe mir gegenüber den Standpunkt der bewußten Meisterschaft im Verhältniß zu einem Lehrling eingenommen. Obige Worte bestätigen dieses nicht nur, sondern zeigen zugleich, daß derselbe sich als den Präsidenten, nicht etwa einer Gelehrtenversammlung, sondern der „katholischen Wissenschaft" selbst betrachtet, deren Interesse er Leuten wie mir gegenüber durch die entschiedensten Proteste, die natürlich so grob als sie wollen sein dürfen, zu vertreten hat. Während mir jeder zu stark erscheinende Ausdruck gleich so hart vorgerückt wird, hat der Herr Kritiker sich selbst nicht selten sogar geradezu falsche und unwahre Ausdrücke erlaubt. So wird die von der seinigen abweichende

---

1) Bd. I, 505. — 2) Chilianeum, S. 115.

Anschauung des berühmten deutschen Cardinals Nicolaus von Cusa über die päpstliche Unfehlbarkeit einfach mit der Erklärung abgefertigt: „dieser Mann sei ein mehr geistreicher als consequenter Denker." Das unbedingte Vertrauen des Byzantinischen Volkes, das von den wahren Ursachen der kirchlichen Trennung sicher nichts verstand, auf den Schutz der Mutter Gottes in der letzten Stunde der Noth unmittelbar vor der Erstürmung der Hauptstadt durch die Türken, wird von Hergenröther als „wahnsinniger Fanatismus" bezeichnet. Welcher Kenner des genaueren Sachverhaltes bezüglich der Errichtung des Patriarchates von Constantinopel möchte ferner mit dem Herrn Recensenten sagen: „die Byzantinischen Bischöfe seien zu Obermetropoliten „emporgeschraubt" worden?"

Ich habe das Urtheil des berühmten Patriarchen Nectarius von Jerusalem über den geistigen Entwickelungsgang des Orients und Occidents angeführt und gesagt, daß derselbe an der Scholastik besonders den Mangel des historischen Elementes table. Dann fügte ich eine Ansicht des bekannten protestantischen Theologen Ullmann bei, welcher meint, es könne für die künftige Entwickelung der Griechischen Kirche von Vortheil sein, daß sie von der Scholastik nie beherrscht worden ist. Ich bin mit Ullmann insoweit einverstanden, als ich glaube, daß er damit sagen will, die orientalische Kirche werde der bleibenden Früchte der scholastischen Bewegung theilhaft, ohne die Schattenseiten und unläugbaren Uebelstände, welche dieselbe gerade in Folge des Mangels des historischen Elementes mit sich brachte, die denn doch auch kein katholischer Theologe wird ableugnen können, überwinden zu müssen. Was Ullmann vom Papstthume beifügt, das ist natürlich nicht meine Meinung, und ich widerspräche ja damit schon dem Gedanken und Zwecke meines ganzen Werkes, der gerade darin besteht, den Orientalen das Papstthum als nothwendig, weil im Wesen der Kirche begründet, zu erweisen. Ich habe daher auch Ullmanns Stelle nicht, wie Hergenröther sagt, „ohne weitere Bemerkung" angeführt, sondern ausdrücklich beigefügt: Ullmann sagt „mit vieler Wahrheit," womit ich doch deutlich genug zu verstehen gab, daß mir seine Ansicht nicht ganz und in Allem, sondern nur theilweise richtig erscheine. In gewohnter hämischer Weise fügt Hergenröther noch bei: „es möchte Manchem scheinen, ich hätte durch dieses Citat eine fromme Herzensergießung ganz schüchtern ausgedrückt, und es habe der in den nicht seltenen Widersprüchen meiner Schrift hervortretende Mangel an dialectischer Bildung mit liebenswürdiger Naivetät entschuldigt werden wollen"[1]). Ich hätte also diesen Mangel doch selbst eingesehen, und trotz dieser Einsicht so viele Widersprüche mir zu Schulden kommen lassen. Mir scheint, den Herrn Recensenten hat wenigstens

---

1) S. 116.

bei diesem Satze seine dialectische Bildung auch ein wenig im Stiche gelassen, nur daß er diesen Mangel statt mit liebenswürdiger Naivetät zu entschuldigen, mit erbärmlichem Spotte gegen Andere geltend macht. In dem nämlichen Tone weiterfahrend, sagt derselbe: „Da nun Nectarius und die ihm folgenden Autoren die bedeutendsten Führer durch das weite geschichtliche Gebiet gewesen sind — Hergenröther hat offenbar den Nectarius noch nicht gelesen, sonst wäre eine solche Behauptung doch ganz unmöglich —, so läßt es sich allerdings entschuldigen, wenn nach dem Stande ihrer dogmatischen, canonistischen und historischen Bildung überall da, wo nicht die besonnenere katholische und gelehrtere deutsche Schule ihren Einfluß üben konnte — wo soll sie denn das nicht gekonnt haben? — Beispiele von Unkenntniß und Inconsequenz in der geschichtlichen Darstellung geliefert werden, selbst wenn sie so zahlreich wären, daß man ein Buch schreiben müßte, um sie sämmtlich zu registriren"[1]. Ich glaube, kein verständiger Leser wird mir zumuthen, auf solche Spötterei zu antworten. Ich bitte nur den Herrn Recensenten, jenes Buch recht bald zu schreiben, worin er alle Beispiele von Unkenntniß und Inconsequenz in der geschichtlichen Darstellung meines Werkes sämmtlich registrirt. Aus der jüngst gelieferten Nachlese zu schließen[2], dürfte dieses Buch sehr interessant und gedankenreich werden; denn es sind dort bereits, natürlich nur die wichtigsten, Druckfehler verbessert, die ich, ich gestehe es aufrichtig, bei abermaliger Revision wieder übersehen habe, und wofür ich daher um so mehr dankbar bin. Solche Fehler sind: „zwöf statt zwölf, und Vignali[3] statt Vignoli, das freilich ungefähr hundert Mal recht gedruckt vorkömmt.

Auf einige andere Beschuldigungen habe ich schon im Verlaufe des 2. Bandes geantwortet. Nur ein paar Punkte sollen noch berührt werden. Es wird mir der „Widerspruch" vorgeworfen, daß ich die Errichtung des Kaiserthums Karls des Großen als Grund und dann wieder als Folge der Trennung angebe. Dieß ist kein Widerspruch, und jenes Ereigniß ist beides zugleich: die letzte Folge der gänzlichen Entfremdung beider Kirchen in Bezug auf die vorhergegangenen Feindseligkeiten und der Hauptgrund in Bezug auf die ganze nachfolgende Entwickelung und Ausbildung der Trennung. Wer nur immer Geschichte kennt, weiß, daß auch andere weltgeschichtliche Ereignisse einen solchen Charakter haben.

Der Herr Recensent nimmt es mir sehr übel, daß ich im Sinne des Byzantinischen Kaisers sage: „ein Bischof seines Reiches hatte den Römischen Kaiser in Constantinopel entthront"[4]. Dieß hat der Herr

---

1) S. 117.
2) Im Archiv für Kirchenrecht von Moy. Mainz 1864. Dezemberheft S. 474.
3) Von Hergenröther unterstrichen. — 4) Bd. I, 21.

Recensent nicht widerlegt. Die Lostrennung Roms vom Griechischen Reiche bestand allerdings schon factisch, aber sie war vor der Kaiserkrönung Karls noch nicht vollendet [1]), und im Sinne des Byzantinischen Kaisers war der Papst noch dessen Unterthan; erst im Jahre 803 kam zwischen Karl dem Großen und dem Griechischen Kaiser Nicephorus zu Salz in Thüringen ein Vertrag zu Stande. Als Römischer Kaiser wurde ja auch der Herrscher in Constantinopel wirklich entthront.

Der Kritiker sagt, ich hätte behauptet, Leo IX. habe dadurch, daß er den Normannen im Juni 1053 ihre Italiänischen Besitzungen bestätigte, den Griechen ein viel größeres Unrecht zugefügt und ihnen mehr genommen als die Kaiser Leo III. und Nicephorus Phokas der Römischen Kirche entrissen [2]). In meinem Buche ist aber an dieser Stelle nur von der Schenkung Constantins die Rede, von welcher es heißt: „diese Schenkung — den Normannen hatte ja der Papst nichts geschenkt — schloß aber viel mehr in sich, als Leo der Isaurier und Nicephorus den Päpsten einst entrissen hatten" [3]).

Der Recensent sagt: „Behauptet man, es sei Verläumdung, daß die Griechen mit Verachtung der Priester oft durch Laien die Absolution ausspenden ließen, so zeigen klare Zeugnisse, daß dieses wirklich und nicht einmal selten der Fall war" [4]). Damit ist doch kaum als richtig erwiesen, was der lateinische Kaiser Balduin im Schreiben an Innocenz III. ganz allgemein versicherte: „daß die Griechen die ganze geistliche Binde- und Lösegewalt mit Verachtung der Priester durch Laien und Mönche ausüben lassen, die keine Buße auflegen." Nur zu diesem Satze habe ich bemerkt: „Offenbar eine Verläumdung, wenn auch ein ähnlicher Fall sollte hie und da vorgekommen sein" [5]).

Wenn ich die Auffassung des Kaisers Basilius II. mit Bezug auf seinen dem Papste im Jahre 1025 gemachten Antrag dahin angebe: es erscheine bei ihm die Welt in zwei Reiche getheilt, in das ächte Römische Reich des Orients unter Einem Kaiser und unter Einem öcumenischen Patriarchen, und in das Reich des Abendlandes unter dem Deutschen Kaiser und dem Römischen Patriarchen [6]), so ist damit durchaus nicht, wie Hergenröther meint, „der Primat über die ganze Kirche geläugnet" [7]), und ich widerspreche hiemit nicht im Mindesten meiner früheren Behauptung, daß in diesem Antrage zugleich ein bestimmtes Zeugniß für die Anerkennung des Primats liegt. Denn Patriarch und Papst sind zwei verschiedene

---

1) S. Papenkordt, Geschichte der Stadt Rom im Mittelalter. Herausgegeben von Höfler. Paderborn 1857. S. 123.
2) Chilianeum, S. 24. — 3) Bd. I, 178. — 4) Chilianeum, S. 26.
5) Bd. I, 308, N. 5. — 6) Bd. I, 263. — 7) Chilianeum, S. 58.

Dinge, und die Anerkennung des „öcumenischen" Patriarchen schloß, wie die ganze Geschichte dieses Titels beweist ¹), das Bekenntniß des Primates nicht aus.

Was meine Behauptung betrifft, daß die Forderung Innocenz' III., der Patriarch von Constantinopel solle das Pallium sich erbitten, ohne welches er das Amt des Patriarchen nicht rite ausüben könne, zu weit ging, weil hiemit das Patriarchat überhaupt nur als päpstliches Institut erklärt wurde, so erheischt dieser Punkt eine ausführlichere Erörterung, als sie hier gegeben werden kann ²). Nur so viel sei bemerkt, daß Hergenröthers Behauptung, „kein Patriarchenstuhl habe ohne päpstliche Anerkennung einen rechtlichen Anspruch auf diese Würde" wohl doch übertrieben ist. Ich meine, es müsse hier zwischen den älteren und späteren Patriarchaten unterschieden werden. Jene, und überhaupt die Patriarchalverfassung, sind, wie die ersten Metropoliten und die Metropolitanverfassung, keine bloß päpstlichen Einrichtungen in dem Sinne, daß sie nur dem Papste ihre Jurisdiction verdankt hätten, obwohl kein Patriarch gegen das Verbot des Papstes sie ausüben durfte. Daß ich den Ausdruck „rite" hier nicht, wie das Münchener Pastoralblatt als „historische Unwahrheit" mir vorwirft, im Sinne von „valide" genommen habe, zeigt doch deutlich genug der auch von diesem Recensenten selbst angeführte Schluß, den ich daraus gezogen, daß dadurch die Griechischen Patriarchen für unrechtmäßig erklärt worden wären. In Bezug auf die Patriarchal-Jurisdiction, um die es sich allein handelt, nicht um die bischöfliche, haben die Ausdrücke gültig und rechtmäßig offenbar den nämlichen Sinn.

Was soll ich aber sagen, wenn Hergenröther mich ohne Weiters behaupten läßt: „die Theologie versteht nicht zwischen Persönlichem, Vorübergehendem und zwischen Bleibendem, Sächlichem und Berechtigtem zu unterscheiden" ³)? Auch hiefür citirt Hergenröther mein Buch und gibt sich den Anschein, als führte er nur meine Worte an. Offenbar ist es hier wieder darauf abgesehen, mich bei allen Vernünftigen lächerlich zu machen. In meinem Buche selbst ist an jener Stelle nur von dem seit 30 Jahren bei beiden Kirchen neu erwachten Interesse für das Studium der Trennungsursachen die Rede. Dann wird als Grund, warum diese Bemühungen mancherlei Art dem gewünschen Ziele nicht näher führen, das zähe Festhalten beider Parteien an den bisherigen Anschauungen und namentlich jenes „hochmüthige Selbstgefühl, das von dem Gegner nichts lernen will, und nur immer bei dem Gedanken stehen bleibt, daß derselbe ein abtrünniger, ungehorsamer, hartnäckiger, von Stolz und Haß verblendeter, dem Zorne

---

1) Bd. II, 647 ff. — 2) Ich verweise auf Bd. II, 631 ff.
3) Chilianeum, S. 97.

Gottes mit Recht überlieferter, unverbesserlicher Sohn und Bruder sei," angegeben. Jeder dürfte auf den ersten Blick erkennen, daß ich hiemit einerseits die bisherige Darstellungsweise der Griechischen Kirchentrennung, wo, wie Hergenröther selbst Eingangs sagt, „eben Alles auf die Griechen gewälzt wurde und man den Lateinern nichts beimessen wollte, wo auch öfter Gewaltthaten übersehen wurden" [1]), andererseits besonders die Theorien über die Papstrechte und die besprochenen Angriffe auf den Griechischen Ritus gemeint habe. Und mit Bezug hierauf fügte ich bei: „Noch immer versteht auch die katholische Theologie nicht recht zwischen Vorübergehendem, Persönlichem und zwischen Bleibendem, Sächlichem und Berechtigtem zu unterscheiden" [2]).

Zum Schlusse versichert Hergenröther, er habe nur die Absicht gehabt, „zu beweisen" [3]). Was der Herr Recensent gewollt, das kann ich nicht wissen, und daran liegt mir auch wenig; was er gethan, das weiß ich, und das muß Jeder erkennen, der mit offenem Auge nach gründlicher Prüfung meines Werkes seine Kritik lies't. Und wie hat er mein erwähntes Schreiben an ihn mißbraucht! Er streute aus, ich hätte an ihn einen „kriechenden Bettelbrief" geschrieben, der natürlich mein schlechtes Gewissen verrathen ließe. Es fällt mir nicht ein, Herrn Professor Hergenröther um seine Prätension des „geübtesten Forschers" zu beneiden. Nur glaube derselbe nicht, daß ich mich in gar so großer geistiger Dürftigkeit befinde, daß ich an ihn einen kriechenden Bettelbrief zu schreiben brauchte. Der Herr Recensent legt mir den Spruch ans Herz: „ad fastigium gloriae eruditi haud per saltus ascendunt, sed per arduos gressus." Ich danke verbindlichst für diese väterliche Ermahnung, glaube aber derselben nicht zu bedürfen. Ich habe keine Schwierigkeit meiner Arbeit umgangen, Nichts von Dem übersprungen, worüber man nicht selten in klug bedachter Weise hinweg zu gehen pflegt, und vielleicht hat Mancher, der längst wohlbestallt auf dem fastigium gloriae thront, noch keine so arduos gressus gemacht. Wenn aber zu den in der Sache selbst liegenden großen Schwierigkeiten auch noch ungerechte Vorwürfe, ja Beschimpfungen und Drohungen von Seite Derjenigen kommen, auf deren billige Anerkennung und Unterstützung ein junger Mann vor Allem rechnen zu dürfen glauben möchte, dann weiß ich nicht, was noch fehlen soll, um einem solchen seine gressus maxime arduos zu machen?

Und nun nur noch ein einziges Wort über die im November-Dezemberheft des Archivs für katholisches Kirchenrecht gelieferte Nachlese. —

Herr Professor Hergenröther! Gestatten Sie mir, daß ich mich unmittelbar hier an Sie wende; denn einen Brief von mir würden Sie nur

---

1) S. 9. — 2) Bd. I, 4, 5. — 3) Chilianeum, S. 121.

wieder mißbrauchen. Haben Sie die Gefälligkeit, den I. Band meines Werkes zur Hand zu nehmen und S. 477 aufzuschlagen. Wie Sie sehen, wird hier Z. 13 Papst Alexander III., einer der größten Päpste, wie Sie mit allem Rechte sagen, ein „herrschsüchtiger und geldgieriger" Papst genannt. Aber von wem? Daß hier die Worte eines Andern angeführt werden, dürften Sie aus den Anführungszeichen am Anfange und am Schlusse des Paragraphes ohne Mühe erkennen. Es ist der Patriarch Nectarius von Jerusalem, dessen Anschauung über das Papstthum von S. 474 §. 17 an bis S. 489 §. 22 in ununterbrochenem Zusammenhange mit den Citaten aus seinem Buche versehen, hier einfach mit dessen eigenen Worten dargestellt wird, wie jeder Leser auf den ersten Blick schon sieht. Wie ist es möglich, daß nur Sie, Herr Professor Hergenröther, dieses nicht sollen gesehen haben, da Sie doch die minütiösesten Druckfehler bemerkten, und die Sache so darstellten, daß jeder Leser Ihrer Kritik meinen muß, dieser große Papst sei an jener Stelle von mir mit solchen Epitheten „geschmückt worden?" Wenn Sie mit so schmählichen und unehrlichen Waffen kämpfen, dann weiche ich Ihnen gerne. Sie haben hiemit Ihrer ganzen Kritik die Krone aufgesetzt!

IV.

Was nun noch die Kritik im Münchener Pastoralblatt betrifft, so habe ich auf die meisten Vorwürfe derselben schon im bisherigen Verlaufe geantwortet. Ich hätte diesen Herrn Recensenten wie den Eingangs erwähnten Kritiker sicher unberücksichtigt gelassen, wenn nicht der Character des Blattes, in welches seine sogenannte „Abhandlung" Aufnahme fand und die mehr als 1300 verpflichteten Leser desselben mich zu einer Erwiederung bestimmten. Wie es mir Pflicht schien, habe ich unmittelbar, nachdem diese Kritik mir zu Handen kam, in einem Schreiben an den Hochwürdigsten Herrn Erzbischof meinen Schmerz über das in derselben mir widerfahrene Unrecht ausgesprochen, wozu ich um so mehr mich berechtigt glaubte, als ich schon geraume Zeit vor dem Erscheinen jener Kritik auf Grund der im Mainzer Katholiken und im Chilianeum gegen mich erhobenen Beschuldigungen, von denen ich befürchten konnte, daß auch mein Hochwürdigster Oberhirte davon Kenntniß erhalte, an Se. Excellenz geschrieben und die Versicherung ausgesprochen hatte, ich würde Nichts unversucht lassen, um allenfallsige begründete Ausstellungen schon im zweiten in kürzester Frist erscheinenden Bande meines Werkes nach Möglichkeit berücksichtigen und etwaige Fehler, wie sie eine so große, schwierige Arbeit wohl selbstverständlich enthalten wird, verbessern zu können. Ausdrücklich gedachte ich in diesem meinem Schreiben auch jenes störenden Versehens (Bd. I, 204) und bemerkte, daß es nicht wohl möglich ist, über meinen ersten Band ohne den zweiten, der das ganze Werk abschließt, ein unparteiisches Urtheil zu fällen. Zum größten Troste gereicht mir nun aber der Umstand, daß in dieser Kritik jenes Versehen abermals mir als „historische Unwahrheit" vorgehalten wird; denn ich sehe daraus offenbar, daß mein Hochwürdigster Oberhirte diese Kritik nicht veranlaßt hat.

Ich brauche mich also wohl nicht zu entschuldigen, wenn ich diesem Herrn Recensenten gegenüber das nämliche Recht der Vertheidigung in Anspruch nehme, wie in Bezug auf die anderen. Zunächst spricht das Pastoralblatt das Bedenken aus, ob es denn überhaupt möglich sei, daß ein Einzelner in so kurzer Zeit eine solche Arbeit liefere. Ich kann darauf mit bestem Gewissen mit Baronius, in Vergleich zu dessen Riesenwerk das meinige freilich nicht einmal eine dürftige Broschüre ist, erwiedern: „Torcular calvavi solus et non est vir mecum." Das schnelle Erscheinen des zweiten noch bedeutend größeren Bandes wird der Herr Kritiker wohl begreiflicher finden; denn nachdem ich nun einmal, wie er sagt, auf eine „sehr abschüssige Bahn" gerathen bin, geht es natürlich immer rascher.

Zuerst spricht der Herr Recensent von „außerordentlich zahlreichen Verstößen gegen die Principien einer wissenschaftlichen Kritik." Einige Dutzend solcher Fälle wären zwar noch immer nicht „außerordentlich zahlreiche;" aber ich hätte mir doch auf Grund derselben diesen Vorwurf schon gefallen lassen. Der Herr Recensent weiß aber kaum ein halbes Dutzend zu erwähnen, und wenn nur diese wirklich das wären, was sie sein sollen. Wie läßt sich der Vorwurf eines „Verstoßes gegen die Principien wissenschaftlicher Kritik" begründen, weil ich die bekannten Stellen des Ignatius und des Irenäus, ebenso die Canonen von Sardica und von Nicäa nicht als Zeugnisse für den Primat gebrauchen kann? Weiß denn der Herr Recensent nicht, daß längst Tüchtigere als ich dieses auch nicht vermocht haben? Möhler z. B. hat die Stelle des Ignatius nur, wie ich selbst anführe, auf die Metropolitanverfassung bezogen. Wie höchst verschieden die Stelle des Irenäus über die potior principalitas gedeutet wird, ist doch jedem Theologen bekannt, und Herr Professor A. Ritschl, in dieser Frage gewiß eine competente Stimme, gibt ausdrücklich zu, ich hätte dieselbe ganz richtig und wortgemäß gedeutet [1]). Daß beide Stellen das besondere Ansehen der Römischen Kirche bezeugen, wenn auch nicht das klare Bewußtsein vom Primate aussprechen, habe ich ja selbst gesagt [2]). In den Canonen von Sardica und Nicäa finden auch Hefele und Döllinger keinen klaren Primatbeweis. Ein Sophisma ist es doch offenbar, mit dem

---

[1]) In den Göttingischen gelehrten Anzeigen vom 30. November 1864, Stück 48, S. 1895.
[2]) Bd. I, 105 f.

Herrn Recensenten zu sagen: „Wenn die Päpste factisch den Primat hatten, warum sollten denn die Berichte darüber nicht so verstanden werden dürfen?" Dieß ist ja eben die Frage, ob eine bestimmte Stelle sich auf denselben bezieht oder nicht. Jeden Ausspruch und jede Thatsache, die ich darauf beziehen konnte, habe ich auch darauf bezogen, und zwar schon von dem ersten Beginne der Kirche an [1]). Gerade in der Ueberzeugung, daß klare Zeugnisse für den Primat hinreichend genug vorhanden seien, durfte ich mir den Orientalen gegenüber nicht den Anschein geben, irgend einer Stelle Gewalt anthun zu wollen, was sicher mehr schaden würde, als wenn ich wirklich eine solche für den Primat nicht in Anspruch genommen hätte, obwohl einem schärfer Blickenden als ich dieses möglich erscheint. Ich möchte es übrigens bezweifeln, ob der Herr Recensent, wie er meint, „mit den gelehrtesten Theologen in Uebereinstimmung ist, wenn er behauptet, daß schon vom heiligen Ignatius an sich klare Aussprüche über den Primat des Papstes finden."

Auf den bezüglich des Patriarchen Photius mir gemachten Vorwurf habe ich bereits geantwortet. Als weiterer „Verstoß gegen die Principien wissenschaftlicher Kritik" wird meine Behauptung erklärt, es sei „nur das erkannte Bedürfniß gewesen, welches die in der heiligen Schrift dem Petrus zugetheilten Vorzüge als nothwendig auf die Nachfolger seiner eigentlichen Cathedra zu Rom, in deren Besitz er starb, übergegangen und vererbt betrachtete" [2]). Ich wollte damit den Griechen gegenüber zeigen, wie der Primat des Römischen Bischofes und der Römischen Kirche, nicht gleich den andern Vorzügen derselben, „die alle schon nach ein paar Jahrhunderten theils verschwunden waren, theils ausdrücklich als unwesentlich erklärt wurden, theils auch andern Kirchen zukamen," nur einen vorübergehenden Charakter habe, sondern im Wesen der Kirche selbst begründet sei, und einem innerlichen Bedürfnisse derselben entstamme. Nur diese an der Geschichte der Kirche selbst gebildete Ueberzeugung konnte es sein, welche den Primat in dem kirchlichen Bewußtsein allmählig dauernd befestigte, weil das Bedürfniß, dem er abzuhelfen berufen ist, das der Erhaltung der Einen Liebe und des Einen Glaubens [3]), nicht ein vorübergehendes, sondern ein bleibendes ist, das nur mit der Kirche selbst aufhört. Erkannt wurde dieses Bedürfniß im Lichte des die ganze kirchliche Entwickelung leitenden heiligen Geistes. Nach der Angabe des Herrn Recensenten hätte ich dagegen den Primat nur als „ein anerkanntes" Bedürfniß erklärt, welche Anerkennung natürlich nach Belieben zurückgenommen werden könnte, womit dem Papstthume der göttliche Character seiner Institution einfach abgespro-

---

1) Bd. I, 103 ff. — 2) Bd. I, 113. — 3) Bd. II, 589.

chen wäre. Da ein so strenger Kritiker wohl doch wird richtig lesen kön= nen, so ist er von absichtlicher Verketzerung in einem amtlichen Blatte kaum freizusprechen, und ich hätte gegründete Ursache, gerichtliche Klage zu stellen, wie gleich der nächste Vorwurf wieder zeigen kann. Von dem Kritiker wird nämlich die in meinem Buche angeführte, jedem Kun= digen ohnehin bekannte Thatsache, daß von den Griechen[1]) das Papst= thum heutzutage als Haupthinderniß der Union angesehen und erklärt wird, so dargestellt, als würde von mir der Primat als Haupthemmniß der Vereinigung wiederholt bezeichnet und darauf der Vorwurf einer „auffallen= den Parteilichkeit" — sollte einfach heißen der „Häresie" — begründet.

Daß der Herr Recensent selbst bei dieser Kritik gerade keine Proben exe= getischen Scharfsinnes abgelegt, hat er wohl am Besten bewiesen, wenn er mir meine Benützung des Patriarchen Nectarius vorwirft und sagt, weil ich dessen Klage über die lateinische Kirche für „begreiflich" erkläre, ich hielte sie „also auch für gerechtfertigt." Was begreiflich ist, meint also der Herr Recensent, das ist auch gerechtfertigt, und wenn ich etwas für begreif= lich erkläre, dann habe ich es auch schon für gerechtfertigt erklärt. Nur eine Frage erlaube ich mir: wenn ich z. B. einen mir gemachten Vorwurf begreiflich finde, weil er vielleicht von einem unwissenden, oder böswilligen Menschen kömmt, habe ich ihn dann auch schon als gerechtfertigt anerkannt?

Während Herr Professor Mittermüller mir doch noch das Lob einer „nicht geringen Gabe der Darstellung" ließ, die auch Hergenröther aner= kannte, bezeichnet letzterer Herr Recensent mein Werk kurzweg als „regel= loses Conglomerat einer verschiedenartigen Lectüre, dessen Erscheinen zu be= dauern ist." Wie endlich jeder der erwähnten Kritiker einen sehr schö= nen Zweck hatte, so verfolgte auch der letztere einen solchen, und zwar den alleredelsten. „Wir würden uns, sagt derselbe, über dieses Buch in die Faust lachen, — gewiß ein sehr edler Ausdruck! — wenn uns nicht wahre Deutsche Wissenschaft am Herzen läge; aber den Vorwurf können wir dem Verfasser nicht ersparen, daß er die Deutsche Wissenschaft compromittirt hat." Hinsichtlich dieser Beschuldigung wäre es doch sehr wünschenswerth gewesen, daß der Herr Recensent seinen Namen ge= nannt hätte, da doch nur seine eigene Kenntniß auf dem Gebiete der orientalischen Kirchengeschichte für die Beurtheilung der Bedeutung dieses großen Vorwurfes als Maaßstab dienen kann. Ob der Herr Recensent die Deutsche Wissenschaft schon compromittirt hat, daran zweifle ich; aber davon bin ich überzeugt, daß er durch seine gehässige und erbärmliche Kritik bei allen Urtheilsfähigen sich selbst gehörig compromittirt hat!

---

1) Bd. I, 32. Ich selbst habe in meinem Buche die Worte unterstrichen: „Auf Seite der Griechen."

Die größte aller Ungerechtigkeiten aber, welche dieser Herr Recensent mir zugefügt, ist doch noch diese, daß er mich anklagt, ich hätte durch dieses mein Werk den guten Ruf meines berühmten Lehrers Döllinger „leicht= sinnig compromittirt und ihm sogar noch mehr geschadet, als alle seine eigenen Schriften ihm geschadet hätten." Ich erkläre es laut und öffentlich: Die Fehler, welche man in meinem Werke finden mag, fallen ganz und ausschließlich mir allein zur Last. Wenn aber mein Werk auch etwas Gutes enthalten sollte, dann bin ich von Herzen gerne bereit, Alles Dieses ihm zuzuschreiben, dessen dankbarer Schüler ich bin. Wer Diejenigen sind, die sich ein Geschäft daraus machen, Döllinger zu ver= läumden, ist allgemein bekannt. Ich wüßte aus untrüglicher Quelle ein, den Herrn Referenten gewiß sehr überraschendes, Histörchen zu erzählen, aus welchem ersichtlich wäre, daß dieses selbst von Solchen geschieht, von denen man es doch am Allerwenigsten vermuthen möchte. Doch ich kann auf meinen hochverehrten Lehrer Shakespeare's Wort anwenden:

> Wise men know well enough,
> Wat monsters you make of them [1]).

Nur Eines will ich noch sagen: wenn dieser Herr Récensent wirklich, wie er sich den Anschein gibt, um den guten Namen Döllingers so sehr bekümmert ist und glaubt, daß man von dem Schüler auf den Lehrer schließt, so hätte er ersteren nicht vor den 1300 Geistlichen der Münchener Erzdiöcese so offenbar ungerecht verdächtigen sollen. Schade, daß die alte Lex Remmia nicht mehr zu Recht besteht, wornach öffentlichen Verläumbern ein K (Kalumniator) auf die Stirne gebrannt wurde, so daß Jedermann vor denselben sich hüten konnte. Ich tröste mich aber mit unserm Dichter und denke bei mir selbst:

> Wer nicht den Feuerofen kann vertragen,
> Den Haß und Scheelsucht, aufgespreizter Dünkel,
> Ihm unter'm guten Namen täglich anschürt, —
> Der lerne lieber, will ihm Ruh behagen,
> Im finstern Winkel einer Schusterstube
> Zu flicken, hämmern, kneipen, pichen, kleistern,
> Doch bleib' er fern vom off'nen Markt der Welt.
> Und gut ist's, daß sie recht den Ofen heizen,
> Ihr glaubt es nicht, wie ich es noch kann brauchen,
> Gar Manches gibt's noch an mir auszubeizen,
> So mancher Tand muß noch in mir verrauchen [2]).

[1]) Shakespeare, Hamlet. Herausgegeben von Elze. Berlin 1857, S. 47. Nach A. Schlegel: „Gescheidte Männer wissen allzu gut, was ihr für Ungeheuer aus ihnen macht." — [2]) Oscar von Redwitz, Thomas Morus. Mainz 1856. S. 273.